다락원 일본어 마스터 ②

일본어 마스터를 위한 나침반

다락원 마스터 일본어 ❷

지은이 박민영, 최충희, 김유천, 사카구치 사야카, 세라쿠 토오루
펴낸이 정규도
펴낸곳 (주)다락원

초판 1쇄 발행 2017년 11월 10일
초판 5쇄 발행 2025년 8월 4일

책임편집 송화록, 손명숙, 한누리
디자인 정현석, 이승현
일러스트 김희선, 야하타 에미코, 이예숙
사진 제공 셔터스톡, JNTO

다락원 경기도 파주시 문발로 211
내용문의: (02)736-2031 내선 460~465
구입문의: (02)736-2031 내선 250~252
Fax: (02)732-2037
출판등록 1977년 9월 16일 제406-2008-000007호

Copyright © 2017, 박민영, 최충희, 김유천, 사카구치 사야카, 세라쿠 토오루

저자 및 출판사의 허락 없이 이 책의 일부 또는 전부를 무단 복제·전재·발췌할 수 없습니다. 구입 후 철회는 회사 내규에 부합하는 경우에 가능하므로 구입문의처에 문의하시기 바랍니다. 분실·파손 등에 따른 소비자 피해에 대해서는 공정거래위원회에서 고시한 소비자 분쟁 해결 기준에 따라 보상 가능합니다. 잘못된 책은 바꿔 드립니다.

ISBN 978-89-277-1161-2 18730
978-89-277-1159-9(set)

http://www.darakwon.co.kr

- 다락원 홈페이지를 방문하면 상세한 출판 정보와 함께 동영상강좌, MP3 자료 등 다양한 어학 정보를 얻을 수 있습니다.
- 다락원 홈페이지를 방문하거나 표지의 QR코드를 스캔하면 MP3 파일 및 관련 자료를 다운로드 할 수 있습니다.

머리말

일본에서 나온 책 중에 『舟を編む(배를 엮다)』라는 소설이 있습니다. 애니메이션과 영화로도 만들어진 이 작품은 『大渡海』라는 일본어 대국어사전을 만드는 편집부의 애환을 그린 내용으로, 「辞書は言葉という大海原を航海するための船である(사전은 언어라는 망망대해를 항해하기 위한 배이다)」라고 하며 '사전'을 만드는 작업을 '배'를 엮는 과정에 비유하고 있습니다. 다시 말해서 '사전'이라는 배가 없으면 우리는 바다를 건널 수단이 없는 셈입니다.

그럼 일본어 교재란 무엇일까요?

일본어 교재는 망망대해를 건너기 위한 배뿐만 아니라 길을 알려주는 나침반도 되어, 여러분이 무사히 항해를 마칠 수 있도록 도와 주는 최상의 수단이라고 생각합니다.

세상에는 바다를 건널 수 있는 배가 참 많이 있습니다. 그러나 믿고 편안하게 항해할 수 있는 튼튼한 배인지, 가야할 길을 제대로 알려주는 정확한 나침반이 있는지 꼼꼼히 살펴보아야 한다고 생각합니다. 본 교재가 일본어 실력 향상으로 가는 가장 좋은 항로가 되기를, 또한 여러분의 항해가 즐겁고 편안하기를 기대해 봅니다.

저자 대표 **박민영**

이 책의 구성과 특징

기초 일본어부터 단계별로 차근차근 마스터!
듣기, 말하기, 읽기, 쓰기 능력을 한꺼번에 마스터!
일본어 어학 연수라는 상황에서 배우는 실전 일본어 마스터!

학습목표

학습 목표와 사진으로 실제 상황을 제시하여 이 과에서 배울 내용에 대한 예측 및 호기심을 유발합니다.

회화 워밍업

이 과에서 가장 핵심이 되는 표현을 듣고 따라 말함으로써 일본어에 대한 이해를 유도합니다. 또한 그림을 보고 듣고 따라 말하면서 주요 표현에 대한 선행 학습이 가능합니다.

회화 마스터

일본에서 어학 연수를 하면서 벌어지는 다양한 상황을 만화로 재미있게 구성하였습니다. 실제 상황을 통해 주요 단어와 문형에 대한 심화 학습을 합니다.
※ 회화 마스터의 음성 파일은 '느린 속도, 보통 속도, 빠른 속도' 세 가지 버전으로 들을 수 있습니다.

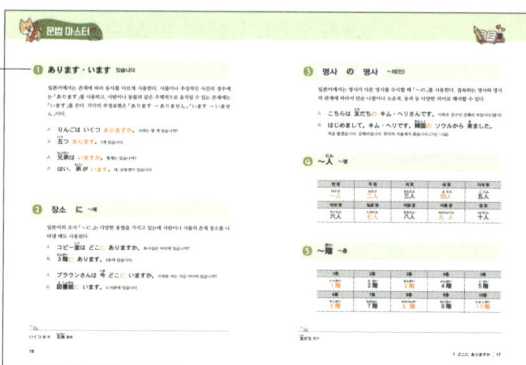

문법 마스터

문법에 관한 언어 지식을 예문과 함께 이해하기 쉽게 설명하였습니다. 『다락원 일본어 마스터 ❷』에서는 JLPT(일본어능력시험) N5, N4 수준의 문법을 학습합니다.

단어 마스터
본문과 관련된 단어를 확장 연습합니다.

말하기 & 읽기 마스터
어휘 치환을 통한 말하기 반복 연습과 읽기를 통한 내용 확인으로 주요 표현에 대한 운용력을 향상합니다.

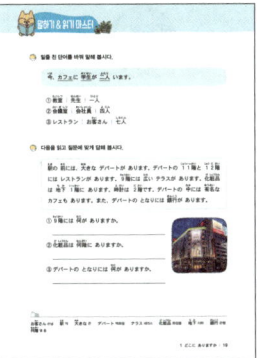

쓰기 마스터
쓰기 연습을 통해 주요 표현을 이해하고 확인 학습을 합니다.

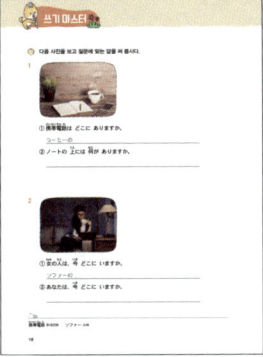

한자 마스터
일본어 상용한자를 연습합니다.

일본 문화 즐기기
본문과 관련된 일본 문화를 소개하여 언어 지식과 문화 내용을 연계 학습합니다.

부록 : 스크립트와 모범 답안, 문법 찾아보기, 단어 찾아보기
부록에는 본문에 실리지 않은 '회화 워밍업' 해석과 스크립트, '단어 마스터', '말하기&읽기 마스터', '쓰기 마스터'의 모범 답안을 실었습니다. 또한 문법 찾아보기와 단어 찾아보기를 통해 이 책에서 배우는 문법과 단어를 어느 과에서 학습했는지 쉽게 찾아볼 수 있습니다.

일본어 마스터 학습 도우미

● **별책: 워크북**
워크북으로 책에서 학습한 내용을 복습합니다.

● **MP3 파일**
'회화 워밍업'과 '회화 마스터'를 음성으로 들을 수 있습니다. '회화 마스터'는 '느린 속도, 보통 속도, 빠른 속도' 세 가지 버전입니다. 트랙 번호는 각 페이지를 참고해 주세요.

 ▷ **스마트폰**
스마트폰으로 QR코드를 스캔하면 다락원 홈페이지의 본책 페이지로 바로 이동합니다. 'MP3 듣기' 버튼을 클릭합니다. 모바일로 접속하면 회원 가입과 로그인 절차 없이 바로 MP3 파일을 듣거나 다운로드 받을 수 있습니다.

▷ **PC**
다락원 홈페이지(www.darakwon.co.kr)에 접속하여 검색 창에 '다락원 일본어 마스터 2'를 검색하면 자료실에서 MP3 파일을 듣거나 다운로드 받을 수 있습니다. 간단한 회원 가입 절차가 필요합니다.

목차

머리말
이 책의 구성과 특징
주요 등장인물

1　どこに ありますか　　9
① 존재동사「あります」・「います」　② 조사「〜に」의 용법①
③ 조사「〜の」의 용법　④ 인원수
⑤ 건물 층수

2　授業を 始めます　　21
① 동사의 종류　② 동사의 정중체「〜ます・〜ません」
③ 조사「〜を」의 용법

3　一緒に 行きませんか　　33
① 조사「〜に」의 용법②　② 조사「〜で」의 용법
③ 권유①「〜ませんか」　④ 권유②「〜ましょう」

4　どこへも 行きませんでした　　45
① 동사의 과거・과거 부정「〜ました・ませんでした」
②「의문사+か」・「의문사+も」
③ 지시대명사「こちら・そちら・あちら・どちら」

5　友だちと 映画を 見に 行きます　　57
① 목적「〜に 行く」　② 희망①「〜たい」
③ 희망②「〜が ほしい」

6　何か プレゼントを あげましたか　　69
① 수수동사①「あげる」・「くれる」　② 수수동사②「もらう」
③ 조사「〜に」의 용법③　④ 조사「〜から」의 용법

| 7 | はがきの 書き方を 教えて ください | 81 |

① 동사의 중지형「〜て/で」 ② 의뢰「〜て/で ください」
③ 「동사의 ます형 + 方」

| 8 | 今 何を して いますか | 93 |

① 동사의 중지형「〜て/で」〈원인, 이유〉
② 「〜て/で います」・「〜て/で いません」〈진행〉
③ 「まだ」・「もう」

| 9 | 窓が 閉まって いますね | 105 |

① 상태①「〜て/で いる」   ② 상태②「〜て/で ある」
③ 「〜ので」〈원인, 이유〉   ④ 접속조사「〜が」의 용법

| 10 | じゃあ、教えて あげます！ | 117 |

① 행위의 수수표현「〜て/で あげる」・「〜て/で くれる」・「〜て/で もらう」
② 의뢰「〜て/で くれませんか」
③ 시도「〜て/で みる」

| 11 | テニスを した ことが ありますか | 129 |

① 동사의 과거 완료형「〜た/だ」   ② 경험「〜た/だ ことが ある」
③ 열거「〜たり/だり 〜たり/だり する」

| 12 | お風呂に 入っても いいですか | 141 |

① 허가「〜ても/でも いい」   ② 금지「〜ては/では いけない」
③ 준비, 조치「〜て/で おく」

부록   153

스크립트 및 모범 답안
문법 찾아보기
단어 찾아보기

주요 등장인물

해리와 새리는 일본으로 1년 동안 어학 연수를 떠났습니다. 드디어 4월부터 수업이 시작되었습니다. 여러 나라에서 온 친구들과 함께 열심히 일본어를 공부합니다.

김해리(金・ヘリ)

쌍둥이 언니.
한국대학 국어국문학과 2학년.
차분한 성격.

김새리(金・セリ)

쌍둥이 여동생.
한국대학 경제학과 2학년.
활발하고 적극적인 성격.

케빈 브라운(ケビン・ブラウン)

새리와 같은 반. 미국인 유학생.

왕낭밍(王南明)

해리와 같은 반. 중국인 유학생.

와타나베 켄타(渡辺健太)

해리와 새리의 튜터.

다나카 유스케(田中祐介)

새리네 반 일본어 선생님.

1

どこに ありますか

학습목표

1_ 존재동사「あります」・「います」
2_ 조사「～に」의 용법①
3_ 조사「～の」의 용법
4_ 인원수
5_ 건물 층수

○ 그림을 보면서 잘 듣고 말해 봅시다.

~に (장소) ~에　ありますか 있습니까?　6階 6층　あります 있습니다

🎾 **잘 듣고 다음과 같이 말해 봅시다.** 🎧 04~05

1　A ＿＿＿＿＿＿は どこに ありますか。 ＿＿＿＿＿은/는 어디에 있습니까?
　　B ＿＿＿＿＿＿階に あります。 ＿＿＿＿＿층에 있습니다.

2　A ＿＿＿＿＿＿は どこに いますか。 ＿＿＿＿＿은/는 어디에 있습니까?
　　B ＿＿＿＿＿＿に います。 ＿＿＿＿＿에 있습니다.

どこに 어디에　　2階 2층　　コンピューター室 컴퓨터실　　3階 3층　　事務室 사무실　　1階 1층
いますか 있습니까?　　います 있습니다　　テニスコート 테니스코트　　教室 교실

회화 마스터

🟡 **첫 수업에 들어가기 위해 교실 위치를 물어보는 해리와 새리**

🎧 06〜08

ヘリ	あの、すみません。A－1クラスの 教室は どこに ありますか。
センターの人	えっと、3階です。3階の 階段の 右に コピー室が あります。その コピー室の 前が A－1クラスです。
セリ	A－2クラスも 3階ですか。
センターの人	はい。A－2クラスは、A－1クラスの 隣に ありますよ。
セリ	あの、A－2クラスに 韓国人留学生は いますか。
センターの人	韓国人留学生ですか。… 二人 いますね。
セリ	あ、そうですか。よかった。どうも ありがとうございます。

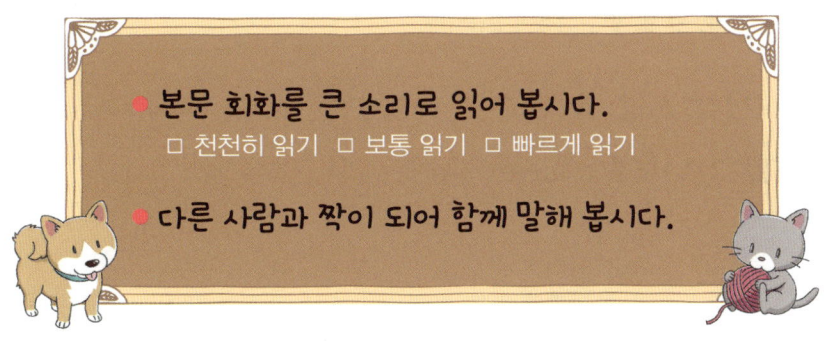

階段 계단　右 오른쪽　コピー室 복사실　隣 옆　韓国人 한국인　留学生 유학생　二人 두 사람
よかった 잘되었다, 다행이다

1 どこに ありますか　13

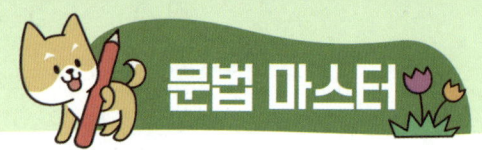

문법 마스터

1 あります・います 있습니다

일본어에서는 존재에 따라 동사를 다르게 사용한다. 사물이나 추상적인 사건의 경우에는 「あります」를 사용하고, 사람이나 동물과 같은 주체적으로 움직일 수 있는 존재에는 「います」를 쓴다. 각각의 부정표현은 「あります → ありません」 「います → いません」이다.

A　りんごは いくつ ありますか。 사과는 몇 개 있습니까?
B　五つ あります。 5개 있습니다.

A　兄弟は いますか。 형제는 있습니까?
B　はい、弟が います。 네, 남동생이 있습니다.

2 장소 に ~에

일본어의 조사 「~に」는 다양한 용법을 가지고 있는데 사람이나 사물의 존재 장소를 나타낼 때도 사용된다.

A　コピー室は どこに ありますか。 복사실은 어디에 있습니까?
B　3階に あります。 3층에 있습니다.

A　ブラウンさんは 今 どこに いますか。 브라운 씨는 지금 어디에 있습니까?
B　図書館に います。 도서관에 있습니다.

いくつ 몇 개　　兄弟 형제

3 명사 の 명사 ~의(인)

일본어에서는 명사가 다른 명사를 수식할 때 「~の」를 사용한다. 접속하는 명사와 명사의 관계에 따라서 단순 나열이나 소유격, 동격 등 다양한 의미로 해석할 수 있다.

A こちらは 友(とも)だちの キム・ヘリさんです。 이쪽은 친구인 김해리 씨입니다.(동격)

B はじめまして。キム・ヘリです。韓国(かんこく)の ソウルから 来(き)ました。
처음 뵙겠습니다. 김해리입니다. 한국의 서울에서 왔습니다.(단순 나열)

4 ~人(にん) ~명

한 명	두 명	세 명	네 명	다섯 명
ひとり 一人	ふたり 二人	さんにん 三人	よにん 四人	ごにん 五人
여섯 명	일곱 명	여덟 명	아홉 명	열 명
ろくにん 六人	しちにん 七人	はちにん 八人	きゅうにん/くにん 九人	じゅうにん 十人

5 ~階(かい) ~층

1층	2층	3층	4층	5층
いっかい 1階	にかい 2階	さんがい 3階	よんかい 4階	ごかい 5階
6층	7층	8층	9층	10층
ろっかい 6階	ななかい 7階	はちかい/はっかい 8階	きゅうかい 9階	じゅっかい 10階

友(とも)だち 친구

단어 마스터

🟡 위치에 관한 단어입니다. 단어를 골라 빈칸에 넣고 회화를 완성해 봅시다.

A ねこは どこに いますか。 고양이는 어디에 있습니까?
B _____ に います。 _____에 있습니다.

いすの 上
いすの 下

いすの 右
いすの 左

箱の 中
箱の 外

箱の 前
箱の 後ろ

ねこ 고양이　上 위　下 아래　左 왼쪽　中 안, 속　外 밖　後ろ 뒤

말하기 & 읽기 마스터

🟡 밑줄 친 단어를 바꿔 말해 봅시다.

> 今、<u>カフェ</u>に <u>学生</u>が <u>二人</u> います。

① 教室 | 先生 | 一人
② 会議室 | 会社員 | 四人
③ レストラン | お客さん | 七人

🟡 다음을 읽고 질문에 맞게 답해 봅시다.

> 駅の 前には、大きな デパートが あります。デパートの 11階と 12階には レストランが あります。9階には 広い テラスが あります。化粧品は 地下 1階に あります。時計は 2階です。デパートの 中には 有名な カフェも あります。また、デパートの 隣には 銀行が あります。

① 9階には 何が ありますか。
_____

② 化粧品は 何階に ありますか。
_____

③ デパートの 隣には 何が ありますか。
_____

お客さん 손님　駅 역　大きな 큰　デパート 백화점　テラス 테라스　化粧品 화장품　地下 지하　銀行 은행
何階 몇 층

1 どこに ありますか | 17

쓰기 마스터

🌕 다음 사진을 보고 질문에 맞는 답을 써 봅시다.

1

① 携帯電話は どこに ありますか。

　コーヒーの

② ノートの 上には 何が ありますか。

_____

2

① 女の人は、今 どこに いますか。

　ソファーの

② あなたは、今 どこに いますか。

_____

携帯電話 휴대전화　　**ソファー** 소파

한자 마스터

🟡 **한자를 따라 써 봅시다.**

みぎ 右	右		
きょうしつ 教室	教室		
かい だん 階段	階段		
じ む 事務	事務		
かん こく じん 韓国人	韓国人		
りゅう がく せい 留学生	留学生		

일본 문화 즐기기

일본어의 위치표현 '옆' - 横(よこ)・隣(となり)・側(そば)

'옆'이라는 뜻을 나타내는 일본어 표현에는 '横(よこ)', '隣(となり)', '側(そば)'가 있다. 이 세 가지는 혼동하기 쉬운데 다음과 같은 차이가 있다.

- '横(よこ)'는 수평방향, 좌우방향 선상에 위치하고 있음을 말한다. 가깝거나 멀거나 거리에 관계없이 쓰인다. 또한 사이에 다른 대상이 끼어 있어도 쓸 수 있다. 예를 들어 지도를 보면서 '한국 옆에 일본과 미국이 있다'고 할 때 이 경우의 '옆'은 '横(よこ)'를 쓸 수 있다.

- '隣(となり)'는 나란히 위치하고 있는 것들 중 가장 가까이에 있는 것을 말한다. '이웃집', '이웃나라'의 '이웃'에 해당되는 말로, 책상과 책상, 사람과 사람, 건물과 건물, 나라와 나라처럼 두 대상이 같은 종류, 같은 범주에 속해 있는 경우에 쓰는 표현이다. '隣(となり)'도 '横(よこ)'와 마찬가지로 가깝거나 멀거나 거리에 관계없이 쓰인다. 예를 들어 '약국 옆에 우체국이 있다'라는 문장에서는 약국과 우체국은 같은 건물끼리이므로 '옆'이라는 의미로 '隣(となり)'를 쓴다. '책상 옆에 가방이 있다'의 경우는 책상과 가방은 서로 다른 성격의 것이므로 '隣(となり)'를 쓰면 어색하고 '横(よこ)'를 써야 한다.

- '側(そば)'란 가까운 거리에 있는 경우에 쓰는 표현이다. '横(よこ)'나 '隣(となり)'처럼 위치나 종류의 제한이 없으며 방향에 관계없이 근처에 있을 때 쓰는 표현이다. '항상 내 옆에 있어줘'라는 문장에서는 '側(そば)'를 써야하는데, '隣(となり)'나 '横(よこ)'를 쓰면 부자연스러운 표현이 된다.

2

授業を 始めます
じゅぎょう　はじ

학습목표

1_ 동사의 종류
2_ 동사의 정중체「〜ます・ません」
3_ 조사「〜を」의 용법

🌕 그림을 보면서 잘 듣고 말해 봅시다. 🎧10

プリント 프린트　使いますか 사용하나요?　使います 사용합니다

잘 듣고 다음과 같이 말해 봅시다.

1 A ＿＿＿＿＿＿ますか。 ＿＿＿＿(합)니까?

　　B はい、＿＿＿＿＿＿ます。 ＿＿＿＿(합)니다.

2 A ＿＿＿＿＿＿ますか。 ＿＿＿＿(합)니까?

　　B いいえ、＿＿＿＿＿＿ません。 아니요, ＿＿＿＿(하)지 않습니다.

教科書 교과서　　使う 사용하다　　勉強する 공부하다

첫 수업을 하는 새리

🎧 13〜15

田中先生　みなさん、こんにちは。

学生たち　こんにちは。

ケビン　あの、先生、質問が あります。私は 日本語が 下手です。
英語の 説明も ありますか。

田中先生　いいえ、この 授業は 日本語だけです。
ほかに 質問は ありますか。

セリ　先生、すみません。教科書が ありません。

田中先生　今日は 大丈夫です。プリントを 使います。
では、授業を 始めます。
今日は まず、自己紹介の 日本語を 勉強しますよ。

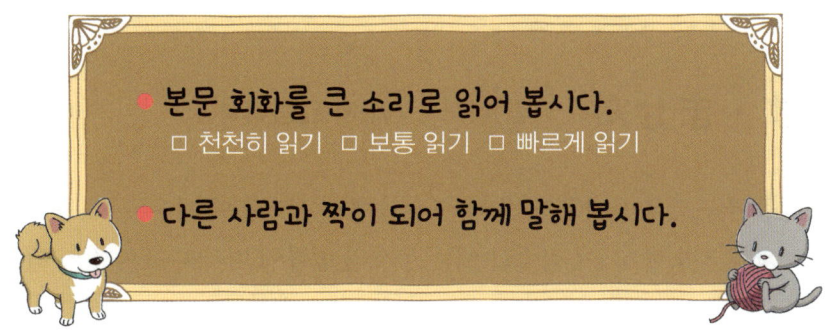

- 본문 회화를 큰 소리로 읽어 봅시다.
  □ 천천히 읽기　□ 보통 읽기　□ 빠르게 읽기
- 다른 사람과 짝이 되어 함께 말해 봅시다.

みなさん 여러분　**説明** 설명　**〜だけ** 〜만, 〜뿐　**ほかに** 그 외에, 다른　**質問** 질문　**大丈夫だ** 괜찮다　**では** 그럼
始める 시작하다　**まず** 먼저, 우선　**自己紹介** 자기소개

문법 마스터

1 동사의 종류

일본어의 동사는 기본형이 모두 [-u]로 끝난다는 특징을 갖고 있다. 동사는 대표적인 술어로서 문장에서 다양하게 활용되는데, 다음과 같이 세 가지 종류로 나뉜다.

u 동사	아래의 ru동사와 불규칙동사를 제외한 모든 동사	会う (만나다) 待つ (기다리다) 送る (보내다, 선물하다) 飲む (마시다) 呼ぶ (부르다) 死ぬ (죽다) 書く (쓰다, 적다) 泳ぐ (헤엄치다) 話す (말하다)
ru 동사	마지막 모음이 「〜る」로 끝나면서 「〜る」 앞의 글자가 [-i]나 [-e]인 동사	見る (보다) 食べる (먹다)
불규칙 동사	활용이 불규칙한 동사	する (하다) 来る (오다)

TIP 동사 「する」는 단독으로 사용될 뿐 아니라 한자어나 외래어에 접속하여 사용되는 경우도 많다.
예) メモする 메모하다   勉強する 공부하다

2 〜ます・ません 〜(합)니다・(하)지 않습니다

동사의 정중한 표현은 긍정문의 경우는 「〜ます」, 부정문의 경우는 「〜ません」을 접속한다. 「〜ます・ません」에 접속할 때는 동사의 종류에 따라 다음과 같이 활용한다.

u 동사	마지막 모음 [-u]를 [-i]로 바꾸고 「〜ます・ません」을 접속한다.	会う (만나다) ➡ 会います・会いません 待つ (기다리다) ➡ 待ちます・待ちません 送る (보내다) ➡ 送ります・送りません

		飲む (마시다) → 飲みます・飲みません 呼ぶ (부르다) → 呼びます・呼びません 死ぬ (죽다) → 死にます・死にません
		書く (쓰다) → 書きます・書きません 泳ぐ (헤엄치다) → 泳ぎます・泳ぎません
		話す (말하다) → 話します・話しません
ru 동사	어미 「〜る」를 떼고 「〜ます・ません」을 접속한다.	見る (보다) → 見ます・見ません 食べる (먹다) → 食べます・食べません
불규칙 동사	형태 자체가 바뀐다.	する (하다) → します・しません 来る (오다) → 来ます・来ません

TIP 일본어 동사 중에는 다음과 같이 형태는 〈ru동사〉이지만 〈u동사〉와 같이 활용하는 예외동사들이 있다.
예) 走る 달리다 → 走ります 달립니다   帰る 돌아가다 → 帰ります 돌아갑니다

③ 名詞 を ~을/를

일본어에서는 목적어를 나타낼 때 조사 「〜を」를 사용한다. 우리말의 '〜을/를'에 해당한다.

A この 映画を 見ますか。 이 영화를 봅니까?

B はい、この 映画を 見ます。 네, 이 영화를 봅니다.

A 今日、テニスを しますか。 오늘 테니스를 합니까?

B いいえ、今日は テニスを しません。 아니요, 오늘은 테니스를 하지 않습니다.

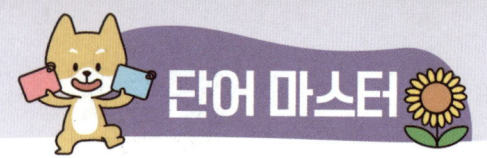

단어 마스터

🌕 일정에 관한 단어입니다. 단어를 골라 빈칸에 넣고 회화를 완성해 봅시다.

A いつ _____ ますか。 언제 _____ 합니까?
B _____ に _____ ます。 _____ 에 _____ 합니다.

６時 / 起きる

１１時 / 寝る

８時 / 行く

４時 / 来る

９時 / 始まる

５時 / 終わる

１時 / 出発する

７時 / 到着する

〜に (시간) 〜에   起きる 일어나다   寝る 자다   始まる 시작하다, 시작되다   終わる 끝나다   出発する 출발하다
到着する 도착하다

🌑 밑줄 친 단어를 바꿔 말해 봅시다.

> 私は 11時には 寝ません。いつも 1時に 寝ます。

① 私 | 6時 | 起きる | 8時 | 起きる
② 彼 | 9時 | 来る | 10時 | 来る
③ 授業 | 2時 | 終わる | 4時 | 終わる

🌑 다음을 읽고 질문에 맞게 답해 봅시다.

> 私は いつも、朝 8時に 起きます。大学まで 自転車で 15分です。授業は 9時半に 始まります。午前の 授業は 12時に 終わります。月曜日は 食堂で 昼食を 食べます。でも、火曜日は 12時から 授業が ありますから、食堂では 食べません。教室で おにぎりを 食べます。

① 「私」は いつも、朝 9時に 起きますか。

___

② 授業は 何時に 始まりますか。

___

③ 火曜日の 昼食は、どこで 何を 食べますか。

___

昼食 점심(식사)　　**おにぎり** 오니기리, 주먹밥

쓰기 마스터

○ 다음 그림이나 표를 보고 질문에 맞는 답을 써 봅시다.

1   ピアノ コンサート
    ２０１７年 ９月 ２３日 (土)
    ミュージックホール
    19：00〜20：30
    1,500円

    ピアノ コンサート
    ２０１７年 ９月 ２３日 (土)
    ミュージックホール
    19：00〜20：30
    1,500円

① コンサートは 何時に 始まりますか。
_____

② コンサートは 何時に 終わりますか。
_____

2

	東京・品川・小田原　方面		
Type	Time	To	Track
Express	15:37	品川	9番線
Local	15:50	小田原	7番線
Special Rapid	15:59	品川	9番線

① 次の 電車(品川行き)は 何時に 出発しますか。
_____

② 次の 電車(品川行き)は ７番線に 来ますか。
_____

コンサート 콘서트, 공연　ミュージックホール 뮤직홀, 공연장　品川 시나가와(지명)　小田原 오다와라(지명)
方面 방면　番線 ~번선　次 다음　電車 전철

한자 마스터

🟡 한자를 따라 써 봅시다.

しつ もん 質問	質問		
べん きょう 勉強	勉強		
せつ めい 説明	説明		
しゅっ ぱつ 出発	出発		
とう ちゃく 到着	到着		
でん しゃ 電車	電車		

2 授業を 始めます | 31

일본 문화 즐기기

일본식 영어(和製英語)
わ せいえい ご

일본에서 만든 일본식 영어를 '和製英語'라고 부른다. 영어의 단어를 조합하거나 변형 또는 생략해서 만든 것으로 실제 영어에서는 없거나 뜻이 통하지 않는 단어들이다.

일본식 영어	뜻	영어	해설
OL(オーエル)	사무직 여성	female office worker	'office'와 'lady'를 합친 'office lady'를 줄인 말 〈조합〉
ガソリンスタンド	주유소	gas station	'gasoline' + 'stand' 〈조합〉
クーラー	에어컨	air conditioner	영어에서 'cooler'는 음료수 등을 넣는 아이스박스 〈변형〉
コインランドリー	빨래방	laundromat	'coin-operated laundry'에서 온 말 〈변형〉
シール	스티커	sticker	'seal(봉인)'에서 차용 〈변형〉
ジェットコースター	롤러코스터	roller coaster	일본 고라쿠엔(後楽園)유원지에 있었던 놀이기구 명칭에서 유래 〈변형〉
シルバーシート	경로석	priority seat	'silver' + 'seat' 〈조합〉
トランプ	카드	playing cards, cards	'trump'는 카드놀이에서 으뜸패를 말함 〈변형〉
バイキング	뷔페	buffet	일본 최초의 뷔페식당 이름에서 유래 〈변형〉
パソコン	PC	personal computer	'personal computer'를 줄인 말 〈생략〉
パトカー	순찰차	squad car, patrol car	'patrol car'를 줄인 말 〈생략〉
プリント	유인물	handout, printout	'print(인화, 인쇄물)'에서 차용 〈변형〉
ベビーカー	유모차	baby carriage stroller	'baby' + 'car' 〈조합〉
リサイクルショップ	재활용품점	secondhand store	'recycle' + 'shop' 〈조합〉

3

一緒に 行きませんか

학습목표

1_ 조사 「〜に」의 용법②
2_ 조사 「〜で」의 용법
3_ 권유① 「〜ませんか」
4_ 권유② 「〜ましょう」

○ 그림을 보면서 잘 듣고 말해 봅시다.

一緒に 함께, 같이   行きませんか 가지 않겠습니까?   いいですね 좋아요   行きましょう 갑시다

잘 듣고 다음과 같이 말해 봅시다. 18~19

1 A _____ で _____ ませんか。 _____에서 _____(하)지 않겠습니까?

　　B いいですね。 좋아요.

2 A いつ _____ ますか。 언제 _____(합)니까?

　　B _____ の 後(あと)に _____ ます。 _____ 후에 _____(합)니다.

ジム 피트니스 센터　運動(うんどう) 운동　ご飯(はん) 밥, 식사　後(あと) 후, 다음　食事(しょくじ) 식사　シャワー 샤워

회화 마스터

🌕 **새리의 소개로 케빈을 처음 만난 해리**

セリ	ヘリ、こちらは ケビンさん。
ケビン	はじめまして、ケビンです。わぁ、本当に 同じ 顔ですね。
ヘリ	ははは。みんな、よく 間違えます。 ケビンさんは 授業の 後、何か 予定が ありますか。
ケビン	いいえ。ありません。
ヘリ	じゃ、一緒に 宿舎の 前の カフェに 行きませんか。
ケビン	いいですね、行きましょう。 カフェで 一緒に 日本語の 練習を しましょう。
セリ	勉強の 前に、教科書が 必要ですね。
ケビン	じゃ、先に 本屋に 行きませんか。 それから カフェに 行きましょう。

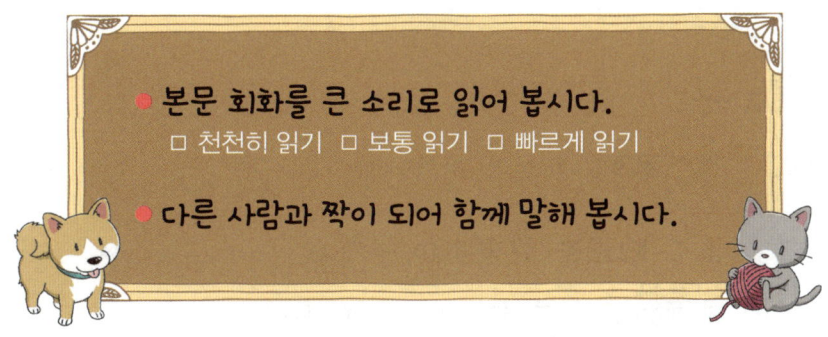

- 본문 회화를 큰 소리로 읽어 봅시다.
  □ 천천히 읽기 □ 보통 읽기 □ 빠르게 읽기
- 다른 사람과 짝이 되어 함께 말해 봅시다.

わぁ 와(감탄사)　**同じだ** 같다, 똑같다　**顔** 얼굴　**みんな** 모두　**よく** 잘, 자주　**間違える** 틀리다, 헷갈리다
宿舎 기숙사　**行く** 가다　**練習** 연습　**前に** 전에　**先に** 먼저　**本屋** 책방, 서점　**それから** 그리고, 그러고 나서

문법 마스터

1 명사 に ~에

조사「~に」는 장소나 방향과 관련된 명사에 붙어 이동하고자 하는 목적지를 나타낸다.

A 明日は 何時に 学校に 来ますか。 내일은 몇 시에 학교에 옵니까?
B 朝 9時に 来ます。 아침 9시에 옵니다.

A 飛行機は 何時に 空港に 到着しますか。 비행기는 몇 시에 공항에 도착합니까?
B 午後 4時に 到着します。 오후 4시에 도착합니다.

> **TIP**
> 이동하는 장소를 나타낼 때는「~に」와 함께「~へ」도 사용된다.「~へ」는 가고자 하는 방향을 나타내는 조사로, 존재 장소를 나타낼 때는 사용할 수 없다.
> ○ 明日は 9時に 学校に 来ます。 내일은 9시에 학교에 옵니다.
> ○ 明日は 9時に 学校へ 来ます。
> ○ コピー室は 3階に あります。 복사실은 3층에 있습니다.
> × コピー室は 3階へ あります。

2 명사 で ~에서

조사「~で」는 장소나 방향과 관련된 명사에 붙어 동작이나 변화가 이루어지는 장소를 나타낸다.

A お昼は どこで 食べますか。 점심은 어디에서 먹습니까?
B 学食で 食べます。 학생식당에서 먹습니다.

A どこで よく 映画を 見ますか。 어디에서 자주 영화를 봅니까?
B 駅前の 映画館で 見ます。 역 앞의 영화관에서 봅니다.

飛行機 비행기　空港 공항　お昼 점심(식사)　学食 학생식당　駅前 역 앞　映画館 영화관

❸ 〜ませんか 〜하지 않겠습니까?

동사의 정중체 부정문「〜ません」에 질문을 나타내는「〜か」를 접속한「〜ませんか」는 상대방에게 어떤 것을 같이 하자고 권유하거나 제안을 할 때 사용한다.「〜ましょう」가 말하는 사람의 의지나 생각을 전제로 상대방에게 권유를 하는 표현이라면,「〜ませんか」는 상대방의 의향을 묻는 표현이기 때문에「〜ませんか」가 조금 더 정중한 느낌을 준다.

A 今日、一緒に ジムに 行きませんか。 오늘 함께 체육관에 가지 않겠습니까?

B いいですね。 좋아요.

A 明日の 午後、テニスを しませんか。 내일 오후 테니스를 하지 않겠습니까?

B すみません。明日は 用事が あります。 죄송합니다. 내일은 볼일이 있습니다.

❹ 〜ましょう 〜합시다

동사의 정중체「〜ます」를「〜ましょう」로 바꾸면 함께 무엇인가를 하자고 권유하는 표현이 된다.

A 一緒に 帰りましょう。 함께 집에 돌아갑시다.

B はい、帰りましょう。 네, 집에 갑시다.

A 図書館で 勉強しませんか。 도서관에서 공부하지 않겠습니까?

B いいですね。勉強しましょう。 좋아요. 공부합시다.

用事 용무, 볼일

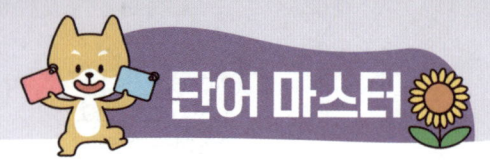

단어 마스터

🟡 권유에 관한 단어입니다. 단어를 골라 빈칸에 넣고 회화를 완성해 봅시다.

A 一緒に _____ ませんか。 함께 _____ 하지 않겠습니까?
B いいですね。_____ ましょう。 좋아요. _____ 합시다.

 カラオケで 歌う

ダンスを 踊る

 映画を 見る

ボートに 乗る

 買い物に 行く

日本を 旅行する

 公園を 散歩する

写真を 撮る

カラオケ 노래방　歌う 노래하다　ダンス 춤　踊る 춤추다　ボート 보트　乗る (탈것을) 타다, 탑승하다
旅行する 여행하다　散歩する 산책하다　撮る (사진을) 찍다

🌕 밑줄 친 단어를 바꿔 말해 봅시다.

> A 一緒に テニスを しませんか。
> B いいですね、しましょう。

① お酒 | 飲みます ② 写真 | 撮ります ③ 日本の 歌 | 歌います

🌕 다음을 읽고 질문에 맞게 답해 봅시다.

> 朴　田中さん、今週の 土曜日、時間が ありますか。
> 　　一緒に 駅前の レストランに 行きませんか。
> 田中　いいですね、一緒に 行きましょう。あの レストランは ケーキも
> 　　有名ですね。
> 朴　じゃ、食事の 後に ケーキも 食べましょう。
> 田中　そうですね。あ、朴さん、レストランの 隣には 映画館が ありま
> 　　すよ。食事の 前に 映画も 見ませんか。
> 朴　いいですね、そうしましょう！

① いつ レストランに 行きますか。
_____

② 食事の 後に 何を 食べますか。
_____

③ 食事の 前に 何を しますか。
_____

お酒 술

쓰기 마스터

🟡 예문의 형식을 사용해서 아래의 빈칸을 채워 봅시다.

예문	형식
권유: 今週の 土曜日、一緒に テニスを しませんか。 승낙: いいですね、しましょう。 거절: すみません、土曜日は 用事が あります。	● _____、一緒に _____ ませんか。 ● いいですね、_____ ましょう ● すみません、_____ は 用事が あります。

A Bさん、다음 주 화요일 _____、一緒に
영화를 보지 않겠습니까? _____。

B いいですね、영화를 봅시다 _____。

B' すみません、火曜日は 用事が あります。水曜日は どうですか。

🟡 권유하는 표현과 그에 대한 대답을 써 봅시다.

① 목요일에 노래방에 가자고 권유하고 대답해 봅시다.

A _____
B _____
B' _____

② 월요일에 도서관에서 공부를 하자고 권유하고 대답해 봅시다.

A _____
B _____
B' _____

今週 이번 주

한자 마스터

🟡 한자를 따라 써 봅시다.

かお 顔	顔		
い 行く	行く		
ほん や 本屋	本屋		
しょく じ 食事	食事		
いっ しょ 一緒に	一緒に		
ひ こう き 飛行機	飛行機		

일본 문화 즐기기

일본의 카페

커피나 차를 판매하는 곳을 일본어로 '喫茶店' 또는 'カフェ'라고 하는데, 일반적인 카페 외에도 다양한 서비스를 제공하는 카페들이 많이 있습니다.

- **만화카페(漫画喫茶)**

  줄여서 '漫喫'라고도 부른다. 대량의 만화책과 잡지 등을 갖춘 카페로 음료를 비롯한 다양한 서비스와 함께 오락시설과 편의시설을 갖추고 있다. 한편 여러 교양서적과 잡지를 완비하여 독서를 즐길 수 있는 카페를 우리나라와 마찬가지로 '북카페(ブックカフェ)'라고 부른다.

- **인터넷카페(インターネットカフェ)**

  우리나라의 PC방에 해당된다. 'ネットカフェ', 'ネカフェ', 'ネット喫茶' 등의 약칭으로도 불린다. 기본적으로 우리나라와 비슷하지만 숙박 목적으로 이용하는 사람들도 적지 않다. 그 중에는 일정한 주거 없이 인터넷카페에 상주하는 사람들도 있는데 이들을 '넷카페 난민(ネットカフェ難民)'이라고 부른다.

- **고양이카페(猫カフェ)**

  실내에서 고양이와 자유롭게 접촉하며 놀 수 있는 서비스를 제공하는 카페이다.

- **애견카페(ドッグカフェ)**

  애견과 같이 들어갈 수 있는 카페를 말한다. 단, 고양이카페처럼 애견과 자유롭게 놀 수 있는 것은 아니다.

- **렌털카페(レンタルカフェ)**

  주방시설을 포함한 카페 공간을 하루 단위, 시간 단위로 대여해주는 형태의 카페를 말한다. 이용자는 다양한 이벤트와 함께 영업도 가능하다.

4

どこへも 行(い)きませんでした

학습목표

1_ 동사의 과거・과거 부정「〜ました・ませんでした」
2_「의문사+か」・「의문사+も」
3_ 지시대명사「こちら・そちら・あちら・どちら」

🌕 그림을 보면서 잘 듣고 말해 봅시다.

しましたか 했습니까?　勉強しました 공부했습니다

◯ 잘 듣고 다음과 같이 말해 봅시다. 25~26

1 A 日曜日は 何を しましたか。 일요일은 무엇을 했습니까?
   B 友だちと ＿＿＿＿＿＿ました。 친구와 ＿＿＿＿＿(했)습니다.

2 A 何か ＿＿＿＿＿＿ましたか。 뭔가 ＿＿＿＿＿(했)습니까?
   B いいえ、何も ＿＿＿＿＿ませんでした。 아니요, 아무것도 ＿＿＿＿(하)지 않았습니다.

何か 무언가, 뭔가   買う 사다, 구입하다   何も 아무것도

회화 마스터

🟡 카페 앞에서 튜터인 와타나베 씨를 만난 해리와 새리

渡辺　久しぶりですね。学校には 慣れましたか。

ヘリ　はい、慣れました。新しい 友だちも たくさん できました。

セリ　渡辺さん、こちらは 同じ クラスの ケビンさんです。

ケビン　はじめまして、ケビンです。アメリカから 来ました。

渡辺　はじめまして、渡辺です。
　　　ケビンさんも 日本語が とても 上手ですね。

セリ　私たち、今日の 授業で 自己紹介を 勉強しました。

渡辺　そうですか。それは ちょうど よかったですね。
　　　ところで、二人は 週末に どこか 行きましたか。

ヘリ　いいえ、宿題が 多くて、どこへも 行きませんでした。

渡辺　それは 残念でしたね。

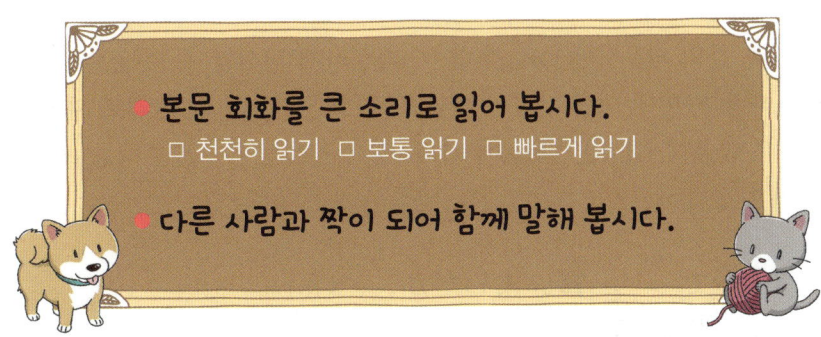

久しぶり 오랜만임　慣れる 익숙해지다, 적응하다　できる 생기다　ちょうど 마침, 딱　週末 주말　どこか 어딘가
どこへも 어디에도, 아무 데도　残念だ 유감이다, 아쉽다

4 どこへも 行きませんでした　49

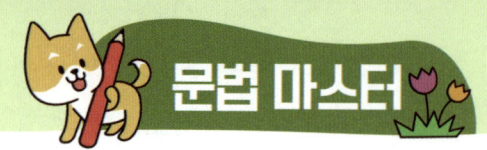

문법 마스터

1 ～ました・ませんでした ～(했)습니다・(하)지 않았습니다

동사의 정중한 과거표현은 긍정문의 경우 「～ました」, 부정문의 경우는 「～ませんでした」를 접속한다. 「～ます・ません」과 같이 「～ました・ませんでした」의 경우도 동사의 종류에 따라 활용이 달라진다.

> **TIP** 형태는 〈ru동사〉이지만 〈u동사〉처럼 활용하는 예외동사도 「～ます / ません」과 같은 형태에 접속한다.
> 예 走る 달리다 → 走ります 달립니다 → 走りました 달렸습니다
> 帰る 귀가하다 → 帰ります 귀가합니다 → 帰りました 귀가했습니다

A 先週も 試合が あり**ました**か。 지난주도 시합이 있었습니까?

B はい、あり**ました**。 네, 있었습니다.

B' いいえ、先週は あり**ませんでした**。 아니요, 지난주는 없었습니다.

A きのう 日本語の 勉強を し**ました**か。 어제 일본어 공부를 했습니까?

B はい、たくさん し**ました**。 네, 많이 했습니다.

B' いいえ、あまり し**ませんでした**。 아니요, 별로 하지 않았습니다.

2 의문사 か ・ 의문사 も

「どこ」「何」등의 의문사에 「か」가 붙어, 확실하게 지시할 수 없는 불명확한 사물이나 장소를 나타낸다. 이에 대한 부정의 대답으로 「의문사+も」의 형태로 완전 부정을 나타내는 경우가 많은데, 단 「どこか」에 대해서는 「どこにも / どこへも」가 둘 다 사용된다. 장소가 강조될 때는 「どこにも」를, 방향이 강조될 때는 「どこへも」를 사용한다.

A デパートで **何か** 買いましたか。 백화점에서 무엇인가 샀습니까?

B いいえ、**何も** 買いませんでした。 아니요, 아무것도 사지 않았습니다.

先週 지난주　試合 시합

A 週末は どこか 行きますか。 주말은 어딘가 갑니까?
B いいえ、どこへも 行きません。 아니요, 아무 데도 가지 않습니다.

❸ こちら・そちら・あちら・どちら 이쪽・그쪽・저쪽・어느 쪽

「こちら・そちら・あちら・どちら」는 기본적으로 방향을 나타내지만, 다른 사람을 정중하게 가리킬 때도 사용된다. 회화체에서는 가볍게 줄여서「こっち・そっち・あっち・どっち」로도 쓰인다.

A トイレは どちらですか。 화장실은 어느 쪽입니까?
B あちらです。階段の 右です。 저쪽입니다. 계단 오른쪽입니다.

A ヘリさんと セリさん、二人は 双子です。
해리 씨와 새리 씨, 두 사람은 쌍둥이입니다.
B どっちが ヘリさんで、どっちが セリさんですか。
어느 분이 해리 씨고 어느 분이 새리 씨입니까?

双子 쌍둥이

단어 마스터

🟡 주말에 어떤 일을 했는지, 각각 과거 긍정과 부정 표현을 활용해 회화를 완성해 봅시다.

A 週末は どうでしたか。 주말은 어땠어요?
B ＿＿＿＿が ありましたから ＿＿＿＿ました。
　　＿＿＿＿이/가 있었기 때문에 ＿＿＿＿했습니다.
B' ＿＿＿＿が ありましたから ＿＿＿＿ませんでした。
　　＿＿＿＿이/가 있었기 때문에 ＿＿＿＿하지 않았습니다.

試験 / たくさん 勉強します
／ どこへも 行きません

アルバイト / 朝から お店に います
／ 余裕が ありません

試合 / 朝 6時に 起きます
／ テストの 勉強は あまり しません

飲み会 / 友だちと たくさん お酒を 飲みます
／ 朝まで 家に 帰りません

朝 아침　お店 가게, 매장　余裕 여유　飲み会 술자리, 회식

말하기 & 읽기 마스터

🎾 밑줄 친 단어를 바꿔 말해 봅시다.

> A かばんの 中に 何か ありましたか。
> B いいえ、何も ありませんでした。

① 朝ご飯 ｜ 何 ｜ 食べます
② プレゼント ｜ 何 ｜ 買います
③ 土曜日 ｜ どこ ｜ 行きます

🎾 다음을 읽고 질문에 맞게 답해 봅시다.

> 先週の 火曜日の 午後は 予定が ありませんでした。でも、大雨でしたから、どこへも 行きませんでした。水曜日の 夜は 友だちと お酒を たくさん 飲みました。金曜日に 日本語の テストが ありましたから、木曜日の 午後は 単語の 勉強を たくさん しました。テストは 9時からでした。でも、8時に 起きました。それで、金曜日の 朝は 時間が なくて、何も 食べませんでした。

① 先週の 火曜日は、午後に どこか 行きましたか。
　_____

② 木曜日は 何を しましたか。
　_____

③ 金曜日の 朝は、何か 食べましたか。
　_____

朝ご飯 아침밥　大雨 폭우　夜 밤　単語 단어

쓰기 마스터

🟡 빈칸을 채워서 글을 완성해 봅시다.

- 月曜日は 예정이 있었습니다만 ＿＿＿＿＿＿＿＿＿＿＿＿＿＿＿＿＿＿が、
  元気が なくて、 어디에도 가지 않았습니다 ＿＿＿＿＿＿＿＿＿＿＿＿＿＿＿。
- 水曜日は 밤에 회식이 있었습니다만 ＿＿＿＿＿＿＿＿＿＿＿＿＿＿が、
  元気が なくて、 별로 술을 마시지 않았습니다 ＿＿＿＿＿＿＿＿＿＿＿。
- 木曜日は 아침부터 수업이 있었습니만 ＿＿＿＿＿＿＿＿＿＿＿＿＿が、
  元気が なくて、 아침밥은 아무것도 먹지 않았습니다. ＿＿＿＿＿＿＿。

🟡 예문의 형식을 사용해서 자유롭게 써 봅시다.

예문	형식
勉強は あまり しませんでした。 ゲームを しました。	＿＿＿＿＿＿ませんでした。 ＿＿＿＿＿＿ました。

- 火曜日は 試験が ありましたから、
  ＿＿＿＿＿＿＿＿＿＿＿＿＿＿＿＿＿＿＿＿＿＿＿。
- 金曜日は 飲み会が ありましたから、
  ＿＿＿＿＿＿＿＿＿＿＿＿＿＿＿＿＿＿＿＿＿＿＿。
- 土曜日は サークルが ありましたから、
  ＿＿＿＿＿＿＿＿＿＿＿＿＿＿＿＿＿＿＿＿＿＿＿。

サークル 동아리

한자 마스터

🟡 한자를 따라 써 봅시다.

よる 夜	夜		
しあい 試合	試合		
よゆう 余裕	余裕		
ざんねん 残念	残念		
か 買う	買う		
な 慣れる	慣れる	

일본 문화 즐기기

일본의 외국 국명 표기

- 일본에서 쓰이는 외국 국명 표기는 영어와도 다르고 한국어와도 다른 경우가 적지 않다. 미국을 'アメリカ', '米国(べいこく)'라고 부르는 것도 그런 예들 중 하나이다. 한국이나 중국에서는 '美國'이라고 표기하는데 일본은 쌀 '미(米)' 자를 쓴다. 원래 중국에서 한자음을 빌려 미국을 '亜美利加(アメリカ)'와 '亜米利加(アメリカ)' 두 가지로 표기했는데, 일본에서는 발음의 문제로 '米' 쪽을 취하고 그것을 줄여 '米国(べいこく)'라고 부르게 되었다. 중국과 한국에서는 '美國' 쪽이 남게 된 것이다.

- 외국 국명이 우리나라와 다른 경우

일본	한국
アメリカ · 米国(べいこく)	미국(美國)
イギリス · 英国(えいこく)	영국(英國)
ドイツ	독일(獨逸)
ベルギー	벨기에
オランダ	네덜란드
ギリシャ	그리스
トルコ	터키

5

友だちと 映画を 見に 行きます

학습목표

1_ 목적 「〜に 行く」
2_ 희망① 「〜たい」
3_ 희망② 「〜が ほしい」

회화 워밍업

🟡 그림을 보면서 잘 듣고 말해 봅시다. 🎧31

行きたいですか 가고 싶습니까?   京都 교토(지명)   行きたいです 가고 싶습니다

🟡 **잘 듣고 다음과 같이 말해 봅시다.** 🎧 32~33

1 A 何が ＿＿＿＿＿＿ たいですか。 무엇을 ＿＿＿＿＿(하)고 싶습니까?

　　B ＿＿＿＿＿が ＿＿＿＿＿たいです。 ＿＿＿을/를 ＿＿＿(하)고 싶습니다.

❶ 　❷ 　❸

2 A 明日の 予定は 何ですか。 내일 예정은 무엇입니까?

　　B 明日は ＿＿＿＿＿に 行きます。 내일은 ＿＿＿＿＿(하)러 갑니다.

❶ 　❷ 　❸

冷たい 차갑다　ジュース 주스　ステーキ 스테이크　新宿 신주쿠(지명)　ソウル駅 서울역(지명)　母 엄마, 어머니
迎える 맞이하다, 마중하다

5 友だちと 映画を 見に 行きます ｜ 59

🟡 **황금연휴에 대해 이야기하는 케빈과 해리와 새리**

ヘリ	ケビンさん、ゴールデンウィークには 何を しますか。
ケビン	友だちと 映画を 見に 行きます。
セリ	映画ですか。いいですね。
ケビン	ヘリさんは 何を しますか。
ヘリ	私は セリと、京都に 遊びに 行きます。でも、ちょうど いい 旅行かばんが ありません。
ケビン	じゃあ、今から ショッピングセンターに かばんを 見に 行きませんか。
セリ	私も 行きたいです！この かばんは 本が あまり 入りませんから、大きい かばんが ほしいです。
ケビン	そうだ、ショッピングセンターの クーポンが ありますよ。
ヘリ・セリ	わぁ、やったー！

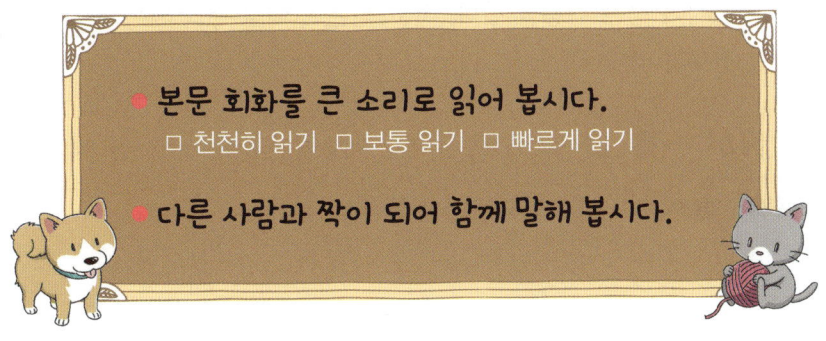

ゴールデンウィーク 골든위크, 황금연휴　　旅行かばん 여행 가방　　ショッピングセンター 쇼핑센터
入る 들다, 들어가다　　ほしい 원하다, 갖고 싶다　　クーポン 쿠폰　　やった 앗싸, 야호

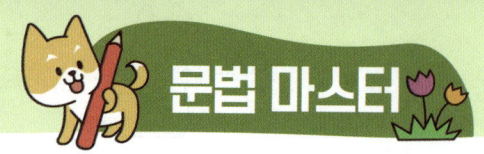

문법 마스터

1 동사의「ます형」に 行く　~(하)러 가다

조사「~に」는「買い物に(쇼핑하러)・勉強に(공부하러)」와 같이 명사에 접속하여 목적을 나타낸다. 동사의 경우도 보통 명사에 준하는「ます형(ます에 결합하는 형태)」을 사용하여 같은 목적을 나타낼 수 있다.「行く(가다)」대신에「来る(오다)」가 오는 경우도 있다.

A 明日、一緒に 食事しませんか。 내일 함께 식사하지 않을래요?

B ごめんなさい。明日は 空港に 妹を 迎えに 行きます。
죄송합니다. 내일은 공항에 여동생을 마중하러 갑니다.

A 渡辺さんとは 長い 付き合いですか。 와타나베 씨와는 오랫동안 알고 지내왔나요?

B はい。渡辺さんは 私の 家に よく 遊びに 来ます。
네, 와타나베 씨는 저희 집에 자주 놀러 옵니다.

2 동사의「ます형」たい　~(하)고 싶다

동사의「ます형」에「~たい」를 붙이면 '~(하)고 싶다'는 희망을 나타내는 표현이 된다.「~たい」는 기본적으로 い형용사에 속하기 때문에「~たいです・たく ありません」과 같이 い형용사와 같은 활용을 한다. 하고 싶은 일이나 대상 자체가 강조될 때는 조사「が」를 쓰는 경우가 많다.

A 今、何が 一番 食べたいですか。 지금 무엇이 제일 먹고 싶습니까?

B 牛丼が 食べたいです。 소고기 덮밥이 먹고 싶습니다.

付き合い 사귐, 어울림　　牛丼 소고기 덮밥

A 今度の 週末、どこに 行きたいですか。 이번 주말은 어디에 가고 싶습니까?
B どこへも 行きたく ありません。家で ゆっくり 休みたいです。
아무 데도 가고 싶지 않습니다. 집에서 푹 쉬고 싶습니다.

❸ 〜が ほしい 〜을/를 갖고 싶다

희망을 나타내는 또다른 표현으로 「〜ほしい」가 있다. 「명사 + が ほしい」의 형태로 쓰이며, 갖고 싶은 것이나 바라는 바를 표현한다. 「〜ほしい」도 기본적으로 い형용사에 속하기 때문에 「ほしいです・ほしく ありません」과 같이 활용한다. 단 「〜ほしい」의 경우 반드시 대상을 조사 「〜が」로 나타낸다.

A 入学の プレゼント、何が ほしいですか。 입학 선물, 무엇을 갖고 싶습니까?
B 電子辞書が ほしいです。 전자사전을 갖고 싶습니다.

A 山田さん、この かばんと あの スカーフ、どちらが ほしいですか。
야마다 씨 이 가방과 저 스카프, 어느 쪽을 갖고 싶습니까?
B どちらも ほしいです。 어느 쪽이나(둘 다) 갖고 싶습니다.

今度 이번   ゆっくり 느긋이, 푹   休む 쉬다   入学 입학   電子辞書 전자사전

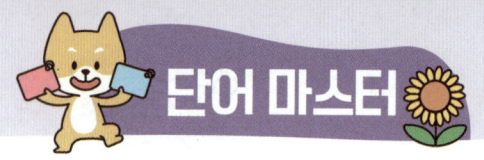

단어 마스터

🌙 다음과 같이 희망표현으로 바꾸어 회화를 완성해 봅시다.

A 将来の 夢は 何ですか。 장래의 꿈은 무엇입니까?
B 私は 将来、_____たいです。 저는 장래 _____(하)고 싶습니다.

 有名な 人に なる
店の オーナーに なる

 ハンサムな 人と 結婚する
大きな 家に 住む

 宇宙に 行く
船で 世界を 一周する

 海外で 働く
本を 出す

将来 장래　夢 꿈　オーナー 주인　ハンサムだ 잘생겼다　結婚する 결혼하다　住む 살다, 거주하다　宇宙 우주
船 배　世界 세계　一周する 일주하다　海外 해외　働く 일하다, 근무하다　本を 出す 책을 출판하다

말하기 & 읽기 마스터

🌕 밑줄 친 단어를 바꿔 말해 보세요.

> 私は 今、ラーメンが 食べたいです。
> 一緒に ラーメンを 食べに 行きませんか。

① ビール │ 飲む　　② テニス │ する　　③ 映画 │ 見る

🌕 다음을 읽고 질문에 맞게 답해 봅시다.

> ケビン　ヘリさん、来月の 誕生日に、何が ほしいですか。
> ヘリ　　そうですね、かばんが ほしいです。
> 　　　　アクセサリーは あまり ほしく ありません。
> ケビン　そうですか。誕生日には、何が 食べたいですか。
> ヘリ　　焼き肉も いいですが、できれば、日本料理が 食べたいです。
> ケビン　じゃ、そうしましょう。食後に ケーキも 食べたいですか。
> ヘリ　　甘い ものは 苦手ですから、あまり 食べたく ありません。

① ヘリさんは アクセサリーが ほしいですか。

___

② 誕生日に 何を 食べに 行きますか。

___

③ ヘリさんは 食事の 後に ケーキが 食べたいですか。

___

来月 다음 달　アクセサリー 액세서리　焼き肉 불고기　できれば 가능하면, 되도록이면　日本料理 일본요리
食後 식후, 식사 후　苦手だ 서툴다, 별로이다

쓰기 마스터

🟡 예문의 형식을 사용해서 써 봅시다.

예문	형식
● 誕生日の プレゼントは、コンサートの チケットが ほしいです。 ● 誕生日には、コンサートの 後に、おいしい デザートを 食べに 行きたいです。 ● その 後、映画も 見たいです。でも ホラー映画は 見たく ありません。	● 誕生日の プレゼントは ＿＿＿＿が ほしいです。 ● 誕生日には、＿＿＿＿たいです。 ● でも、＿＿＿＿たく ありません。

1

誕生日の プレゼントは _{일본어 책을 갖고 싶습니다} ＿＿＿＿。

誕生日には _{바다를 보고 싶습니다} ＿＿＿＿。

そして、海の 近くで _{식사를 하고 싶습니다} ＿＿＿＿。

でも _{매운 요리는 먹고 싶지 않습니다} ＿＿＿＿。

2

誕生日の プレゼントは ＿＿＿＿が ほしいです。

誕生日には ＿＿＿＿たいです。

そして、＿＿＿＿たいです。

でも、＿＿＿＿たく ありません。

チケット 티켓, 표　　デザート 디저트　　ホラー映画 호러영화　　海 바다

한자 마스터

🟡 한자를 따라 써 봅시다.

うみ 海	海		
しょうらい 将来	将来		
うちゅう 宇宙	宇宙		
かいがい 海外	海外		
す 住む	住む		
はたら 働く	働く		

5 友だちと 映画を 見に 行きます | 67

일본 문화 즐기기

황금연휴(ゴールデンウィーク)

- 'ゴールデンウィーク'란 영어의 'golden'과 'week'를 합성해서 만든 일본식 영어(和製英語)로, 매년 4월 말부터 5월 초에 걸쳐 공휴일(祝日)이 집중되는 기간을 말한다. '대형연휴(大型連休)', '황금주간(黄金週間)'이라고도 부른다. 4월 29일 '쇼와의 날(昭和の日)', 5월 3일 '헌법기념일(憲法記念日)', 5월 4일 '초록의 날(みどりの日)', 5월 5일 '어린이날(こどもの日)' 순으로 공휴일이 4일간 이어진다. 게다가 5월 1일 '근로자의 날(メーデー)'을 쉬는 회사가 많고 토요일, 일요일과 겹쳐 대체휴일(振替休日)까지 끼면 매우 긴 연휴가 된다.

- 'ゴールデンウィーク'란 명칭은 1951년 상영된 『자유학교(自由学校)』라는 일본영화가 공휴일이 계속되는 이 기간에 최고의 흥행을 올린 것이 계기가 되어 영화업계에서 쓰이기 시작한 것에서 유래되었다고 한다.

- 일본의 공휴일(国民の祝日)

월일	명칭	월일	명칭
1월 1일	설날(元日)	7월 셋째 월요일	바다의 날(海の日)
1월 둘째 월요일	성인의 날(成人の日)	8월 11일	산의 날(山の日)
2월 11일	건국기념일(建国記念の日)	9월 셋째 월요일	경로의 날(敬老の日)
3월 21일경	춘분의 날(春分の日)	9월 23일경	추분의 날(秋分の日)
4월 29일	쇼와의 날(昭和の日)	10월 둘째 월요일	체육의 날(体育の日)
5월 3일	헌법기념일(憲法記念日)	11월 3일	문화의 날(文化の日)
5월 4일	초록의 날(みどりの日)	11월 23일	근로감사의 날(勤労感謝の日)
5월 5일	어린이날(こどもの日)	12월 23일	국왕탄생일(天皇誕生日)

6

何か プレゼントを あげましたか
なに

학습목표

1_ 수수동사① 「あげる」・「くれる」
2_ 수수동사② 「もらう」
3_ 조사 「〜に」의 용법 ③
4_ 조사 「〜から」의 용법

🟡 그림을 보면서 잘 듣고 말해 봅시다. 🎧38

あげましたか 줬습니까?   シャツ 셔츠   あげました 줬습니다

🎧 잘 듣고 다음과 같이 말해 봅시다. 🎧 39~40

1 A 母（はは）の 日（ひ）に 何（なに）を あげますか。 어머니날에 무엇을 드립니까?

　　B ＿＿＿＿＿＿＿＿を あげます。 ＿＿＿＿＿을/를 드립니다.

2 A 誕生日（たんじょうび）の プレゼントに 何（なに）を もらいましたか。 생일 선물로 무엇을 받았습니까?

　　B ＿＿＿＿＿＿＿＿を もらいました。 ＿＿＿＿＿을/를 받았습니다.

母（はは）の 日（ひ） 어머니날　あげますか 줍니까?, 드립니까?　あげます 줍니다, 드립니다　花束（はなたば） 꽃다발
もらいましたか 받았습니까?　もらいました 받았습니다　くまの ぬいぐるみ 곰인형

🟡 **수업시간에 다나카 선생님과 어버이날에 대해 이야기하는 케빈과 새리**

이번 주 일요일은 어머니날이에요. 일본에서는 어머니날은 5월 둘째 주 일요일이에요. 한국에도 어머니날이 있나요?

한국에서는 어버이날이 있어요. 매년 5월 8일이에요.

부모님께 뭔가 선물을 했어요?

네, 올해는 아버지에게 넥타이를, 어머니에게는 지갑을 드렸어요. 아버지와 어머니께 감사의 전화를 받았어요.

미국에서는 어때요?

일본하고 똑같이 5월 둘째 주 일요일이에요. 저는 어머니에게 목걸이를 보냈어요. 그리고 사실 이번 주 일요일은 제 생일이에요. 부모님께서 생일 선물로 시계를 주셨어요.

🎧 41~43

田中先生　今週の 日曜日は 母の日です。日本では、母の日は 5月の 第二日曜日です。韓国にも 母の日が ありますか。

セリ　韓国では 両親の日が あります。毎年 5月8日です。

田中先生　ご両親に 何か プレゼントを あげましたか。

セリ　はい、今年は 父には ネクタイを、母には 財布を あげました。父と 母から 感謝の 電話を もらいました。

田中先生　アメリカでは どうですか。

ケビン　日本と 同じで、5月の 第二日曜日です。私は 母に ネックレスを 送りました。それから、実は 今週の 日曜日は 私の 誕生日です。両親が 誕生日の プレゼントに 時計を くれました。

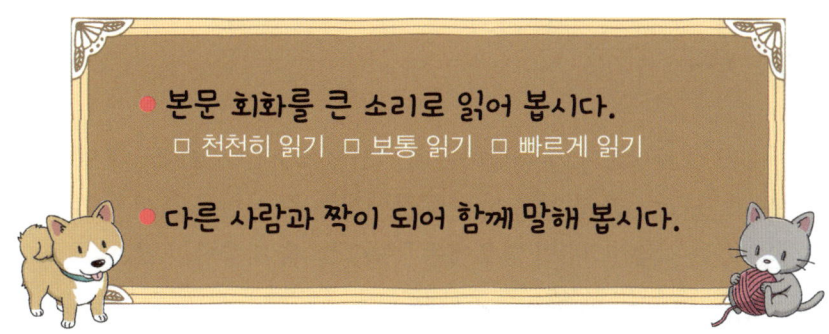

- 본문 회화를 큰 소리로 읽어 봅시다.
  □ 천천히 읽기　□ 보통 읽기　□ 빠르게 읽기
- 다른 사람과 짝이 되어 함께 말해 봅시다.

第二日曜日 둘째 주 일요일　両親の日 어버이날　毎年 매년, 매해　(ご)両親 부모님　～に (사람) ～에게, ～께
父 아빠, 아버지　感謝 감사　電話 전화　ネックレス 목걸이　実は 실은, 사실은　くれる (남이 나에게) 주다

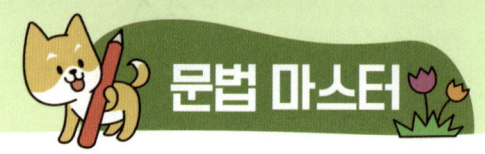
문법 마스터

① あげる・くれる 주다

일본어에서 무언가를 주고받음을 나타내는 동사를 '수수동사'라고 한다. '주다'에 해당하는 동사는 「あげる」와 「くれる」가 있는데, 말하는 사람을 중심으로 '누가 누구에게' 주는가에 따라 쓰임이 달라진다.

あげる	くれる
나 ➡ 다른 사람	다른 사람 ➡ 나
다른 사람 ➡ 다른 사람	

일반적으로 '주다'에 해당하는 동사는 「あげる」이며, 다른 사람이 나에게 주는 경우, 다시 말해 내가 받는 경우에만 특별하게 「くれる」를 사용한다. 또한 경우에 따라서는 「私の～(나의~)」로 수식되는 '나와 관련된, 내 범위의 사람'에게도 「くれる」가 사용된다.

나 ➡ 다른 사람

A　ケビンさんに 何を あげましたか。 케빈 씨에게 무엇을 주었습니까?
B　日本語の 辞書を あげました。 일본어 사전을 주었습니다.

다른 사람 ➡ 나

A　ケビンさんが 何を くれましたか。 케빈 씨가 무엇을 주었습니까?
B　英語の 辞書を くれました。 (나에게) 영어 사전을 주었습니다.

② もらう 받다

수수동사 「もらう」는 '받다'에 해당하는데, 「あげる」나 「くれる」와 달리, 받는 사람이 주어로 온다. 「もらう」를 술어로 하는 문장에서는 준 사람을 조사 「～に」나 「～から」로 표시하는데, 준 사람이 '나'인 경우에는 「もらう」를 사용하지 않는다.

ケビンさんは 私に 辞書を くれました。 케빈 씨는 나에게 사전을 주었습니다.

私は ケビンさんに/から 辞書を もらいました。 나는 케빈 씨에게 사전을 받았습니다.

❸ 받는 사람　に　~에게

조사 「~に」는 사물이나 정보를 주고받는 동사와 같이 사용되는 경우에 주로 '받는 사람'을 나타낸다.

- A　みんなに 連絡しましたか。 모두에게 연락했습니까?
- B　はい。でも、渡辺さんだけ 留守でした。渡辺さんには メッセージを 残しました。
  네. 하지만 와타나베 씨만 부재중이었습니다. 와타나베 씨에게는 메시지를 남겼습니다.

❹ 준 사람　から　~에게/로부터

「~から」는 사물이나 정보를 주고받는 동사와 같이 사용되는 경우에 주로 '제공하는 사람, 주는 사람'을 표시한다.

- A　すてきな ネックレスですね。 멋진 목걸이네요.
- B　ありがとうございます。彼氏から もらいました。
  감사합니다. 남자친구에게 받았습니다.
- A　今までの 話、本当ですか。 지금까지의 이야기, 진짜입니까?
- B　はい、本人から 直接 聞きました。間違い ありません。
  네, 본인에게 직접 들었습니다. 틀림없습니다.

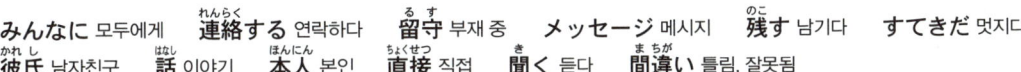

みんなに 모두에게　連絡する 연락하다　留守 부재 중　メッセージ 메시지　残す 남기다　すてきだ 멋지다
彼氏 남자친구　話 이야기　本人 본인　直接 직접　聞く 듣다　間違い 틀림, 잘못됨

단어 마스터

🌻 다음과 같이 수수표현을 활용해 회화를 완성해 봅시다.

> A これ、すてきですね。 이거, 멋지네요.
> B 誕生日の プレゼントで、_____ ました。 생일선물로 _____(했)습니다.

 父から もらう 母が くれる

 兄から もらう 姉が くれる

 弟から もらう 妹が くれる

 彼女から もらう 友だちが くれる

彼女 여자친구

말하기 & 읽기 마스터

🟡 밑줄 친 단어를 바꿔 말해 봅시다.

> 母 → 化粧品 → 私
> 母は（私に）化粧品を くれました。
> （私は）母に/から 化粧品を もらいました。

① 彼女 → 手紙と セーター → 私
② 弟 → 映画の チケット → 私
③ 山田さん → 日本の 本 → 私

🟡 다음을 읽고 질문에 맞게 답해 봅시다.

> ナナさんが バレンタインデーの 日に、チョコレートを くれました。また、ナナさんは 金さんに チョコレートケーキと カードを あげました。それで、金さんは ホワイトデーの 時に、ナナさんに 大きな 花束を あげました。そして プロポーズも しました。

① 誰が 誰から チョコレートを もらいましたか。

_____

② ナナさんは 誰に カードを あげましたか。

_____

③ ナナさんは 金さんから 何を もらいましたか。

_____

手紙 편지　**セーター** 스웨터　**バレンタインデー** 밸런타인데이　**カード** 카드　**ホワイトデー** 화이트데이
プロポーズ 프로포즈　**誰** 누구

🟡 **あげる / もらう / くれる를 사용해서 써 봅시다.**
（※사용하지 않는 경우도 있습니다. 잘 생각해보세요!）

私 → 本 → 木村さん
○ （私は）木村さんに 本を あげました。
× 木村さんは 私に / から 本を もらいました。

① 私 → かばん → 田中さん

② 金さん → 化粧品 → 私

③ 木村さん → チケット → 田中さん

④ 私 → ケーキ → 朴さん

한자 마스터

🟡 **한자를 따라 써 봅시다.**

れんらく 連絡	連絡		
りょうしん 両親	両親		
まいとし 毎年	毎年		
ちょくせつ 直接	直接		
はなたば 花束	花束		
かんしゃ 感謝	感謝		

6 何か プレゼントを あげましたか

일본 문화 즐기기

어머니날(母の日)
　　　　　はは　　ひ

- 일본에서는 어머니에게 감사하는 날로 5월 둘째 주 일요일을 '어머니날(母の
  日)'로 정하고 있다. 어머니날은 미국의 한 여성이 어머니의 추도식 자리에서 어머니가 좋아했던 카네이션을 바친 것이 계기가 되었다. 그 후 1914년 미국 정부가 5월 둘째 주 일요일을 '어머니날'로 제정하였고, 일본의 어머니날도 그에 따른 것이다.

- 1913년 도쿄(東京)의 아오야마학원(青山学院)에서 여성선교사에 의해 어머니날 예배행사가 거행되었는데 이것이 일본의 어머니날의 시작이라고 한다. 1931년 부인회 단체에서 당시 왕비의 생일인 3월 6일을 어머니날로 정했으나 일반화되지는 않았다. 어머니날이 전국적으로 널리 알려지게 된 것은 1937년 5월 8일에 일본의 제과회사인 모리나가제과(森永製菓)가 어머니날 이벤트를 대대적으로 개최한 이후부터다. 그리고 2차 대전 후인 1947년에 미국의 어머니날을 따라 5월 둘째 주 일요일을 어머니날로 정하고 이것이 일반화되었다. 일본에서도 미국의 풍습을 따라 어머니날에 카네이션을 보낸다.

- 6월 셋째 주 일요일은 '아버지날(父の日)'이다. 이 날도 미국의 아버지날을 따른 것으로 어머니날보다 한참 늦은 1980년대 무렵에 일본에 정착하였다. 미국에서는 어머니날에는 카네이션을, 아버지날에는 장미를 선물하는데, 일본에서는 1981년 'FDC 일본파더즈데이위원회(日本ファーザーズ・デイ委員会)'가 결성되어 노란색을 상징으로 하는 캠페인을 전개하여 이날에는 노란 장미나 노란 리본으로 장식한 선물을 보낸다.

7

はがきの 書き方(かかた)を
教(おし)えて ください

학습목표

1_ 동사의 중지형 「～て/で」
2_ 의뢰 「～て/で ください」
3_ 「동사의 ます형＋方(かた)」

🌕 그림을 보면서 잘 듣고 말해 봅시다. 🎧45

🏠 名前 이름　書いて ください 적어 주세요　分かりました 알겠습니다

잘 듣고 다음과 같이 말해 봅시다.

1 A ＿＿＿＿＿＿で 書いてください。 ＿＿＿＿로 써 주세요.
　　B はい、分かりました。 네, 알겠습니다.

2 A すみません。もう 一度 説明して ください。 죄송합니다. 한번 더 설명해 주세요.
　　B はい。まず、＿＿＿＿＿＿ください。 네, 우선 ＿＿＿＿해 주세요.

字 글자　　もう 一度 다시 한 번, 한 번 더　　パンフレット 팸플릿, 소책자　　受付 접수　　出す 내다, 제출하다

🟡 **와타나베 씨에게 엽서 쓰는 법에 대하여 물어보는 해리와 새리**

セリ	渡辺さん、はがきの 書き方を 教えて ください。
渡辺	いいですよ。日本には 縦書きと 横書きが ありますが、はがきでは 縦書きが 多いです。はじめに 郵便番号を 書いて、ここに 住所、その 隣に 名前を 書きます。
セリ	なるほど。
渡辺	あ、セリさん、名前は 住所よりも 少し 大きい 字で 書いて ください。
ヘリ	自分の 住所は どこに 書きますか。
渡辺	はがきの 左下に 小さい 字で 書いて ください。
ヘリ・セリ	ありがとうございます！

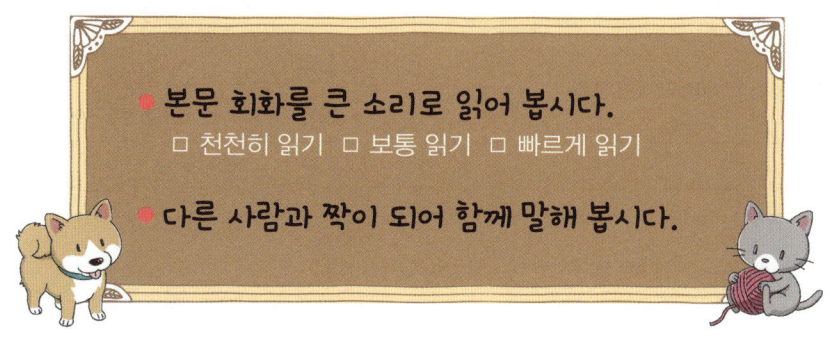

はがき 엽서　**書き方** 쓰는 법　**縦書き** 세로쓰기　**横書き** 가로쓰기　**はじめに** 우선, 처음에　**郵便番号** 우편번호　**住所** 주소　**自分** 자신, 자기　**左下** 왼쪽 아래

1 ～て/で   ~(하)고

동사의「～て형」은 중지형의 하나로서, '~(하)고'라는 순접의 의미를 나타낸다. 순접이란 '아침에 일어나고, 세수 하고, 옷을 입고....'와 같이 시간의 흐름에 따라 잇달아 일어나는 사건을 서술하는 것을 말한다. 「～て형」을 접속할 때도 동사의 종류에 따라 다음과 같이 활용한다. 〈ru동사〉와 〈불규칙동사〉는「～ます형」을 접속할 때와 같은 형태이지만 〈u동사〉는「～ます형」을 접속할 때와 달리 마지막 어미가 완전히 다른 형태로 바뀐다. 〈u동사〉의 중지형은 어미에 따라「～で」와 같이 탁음이 붙는 경우도 있다.

u 동사	어미가「～う・つ・る」인 경우는「～って」가 된다.	会う (만나다) ➡ (会います) ➡ 会って 待つ (기다리다) ➡ (待ちます) ➡ 待って 送る (보내다) ➡ (送ります) ➡ 送って
	어미가「～む・ぶ・ぬ」인 경우는「～んで」가 된다.	飲む (마시다) ➡ (飲みます) ➡ 飲んで 呼ぶ (부르다) ➡ (呼びます) ➡ 呼んで 死ぬ (죽다) ➡ (死にます) ➡ 死んで
	어미가「～く」인 경우는「～いて」가 된다. 어미가「～ぐ」인 경우는 탁음이 옮겨져서「～いで」가 된다.	「～く」 ➡ 「～いて」 書く (쓰다) ➡ (書きます) ➡ 書いて 「～ぐ」 ➡ 「～いで」 泳ぐ (헤엄치다) ➡ (泳ぎます) ➡ 泳いで
	어미가「～す」인 경우는「～して」가 된다.	話す (말하다) ➡ (話します) ➡ 話して
ru 동사	어미「～る」를 떼고「～て」를 접속한다.	見る (보다) ➡ (見ます) ➡ 見て 食べる (먹다) ➡ (食べます) ➡ 食べて
불규칙 동사	형태 자체가 바뀐다.	する (하다) ➡ (します) ➡ して 来る (오다) ➡ (来ます) ➡ 来て

> **TIP** 「行く」는 어미가「～く」이므로「～いて」가 되어야 하지만 예외적으로「行って」가 된다.
> 行く (가다) ➡ 行きます ➡ (○)行って (×)行いて

❷ ～て/で ください ~(해) 주세요

동사의 「～て형」에 수수동사 「くれる(주다)」의 명령형인 「ください」가 합쳐지면 '~(해) 주세요'라는 의뢰 표현이 된다. 문맥에 따라서는 지시를 나타내는 경우도 있다.

A　ここに 住所と 名前を 書いて ください。 여기에 주소와 이름을 써 주세요.
B　はい、分かりました。 네, 알겠습니다.

A　すみません。銀行は どこですか。 죄송합니다. 은행은 어디입니까?
B　銀行ですか。この 道を まっすぐ 行って ください。
　　そして 交差点で 右に 曲がって ください。
　　은행이요? 이 길을 쭉 가 주세요. 그리고 교차로에서 오른쪽으로 돌아 주세요.

❸ 동사의 「ます형」 方 ~(하)는 방법

동사의 「～ます형」에 「～方」가 접속하면 '~(하)는 방법'을 나타내는 복합어가 된다.

A　この 漢字(畑)の 読み方、分かりますか。 이 한자(畑)의 읽는 법, 알아요?
B　はい、「はたけ」と 読みます。 네, 「はたけ」라고 읽습니다.

A　抹茶の 飲み方を 教えて ください。 말차 마시는 법을 가르쳐 주세요.
B　抹茶を 入れて、お湯を 入れて、茶筅で 泡立てます。
　　말차를 넣고 뜨거운 물을 넣고 차센으로 거품을 냅니다.

まっすぐ 똑바로, 곧장　交差点 교차점, 교차로　曲がる 돌다, 꺾다　漢字 한자　畑 밭　読み方 읽는 법
抹茶 말차(분말녹차)　飲み方 마시는 법　入れる 넣다　お湯 뜨거운 물　茶筅 차센(차를 탈 때 거품을 내는 기구)
泡立てる 거품을 내다

단어 마스터

🟡 **아래의 표현을 골라 회화를 완성해 봅시다.**

> A 渡辺さん、＿＿＿＿を 教えて ください。 와타나베 씨, ＿＿＿＿을 가르쳐 주세요.
> B はい、いいですよ。 네, 좋아요.

納豆の 食べる

電話の かける

お好み焼きの 作る

写真の 撮る

アプリの 使う

Eメールの 送る

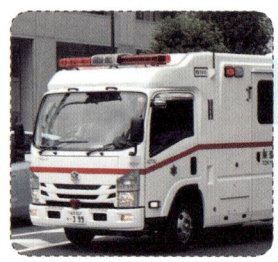
救急車の 呼ぶ

電車の 乗り換える

納豆 낫토(일본식 콩 발효음식)　**お好み焼き** 오코노미야키　**アプリ** 앱, 어플리케이션　**Eメール** 이메일　**救急車** 구급차
乗り換える 갈아타다

● 밑줄 친 단어를 바꿔 말해 봅시다.

> <u>メール</u>の <u>送り方</u>を <u>教えて</u> ください。

① キムチ │ 作る │ 見せる
② 電車 │ 乗り換える │ ここに 書く
③ アプリ │ 使う │ お店の 人に 聞く

● 다음을 읽고 질문에 맞게 답해 봅시다.

> この カフェの 行き方、分かりますか。少し 難しいですよ。まず 駅を 出て、銀行まで 進んで ください。そこで 左に 曲がって、大きい ジムの 前まで 行って、上を 見て ください。赤い 看板の お店が あります。その お店は レストランです。カフェは その 上の 階に あります。

① どこで 左に 曲がりますか。
___

② カフェの すぐ 下には 何が ありますか。
___

③ カフェの 行き方は 簡単ですか。
___

送り方 보내는 법   見せる 보여주다   行き方 가는 법   進む 나아가다, 전진하다   看板 간판   すぐ 바로

쓰기 마스터

🟡 지금 아래 지도의 ⬅ 위치에 있습니다. 예문의 형식을 사용해서 써 봅시다.

예문

A すみません、歯医者は どちらですか。
B ここから まっすぐ 進んで、コンビニで 右に 曲がって ください。
  そこから、まっすぐ 行って ください。
  道の 右側に ありますよ。
A ありがとうございます。

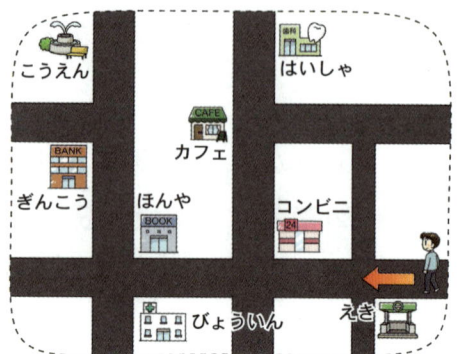

1
A すみません、公園は どちらですか。
B ここから まっすぐ _____、本屋で _____ て ください。道の _____ に ありますよ。
A ありがとうございます。

2
A すみません、_____ は どちらですか。
B _____ て ください。
  道の _____ 。
A ありがとうございます。

歯医者 치과, 치과의사   コンビニ 편의점   道 길   右側 오른쪽   左側 왼쪽

한자 마스터

🟡 한자를 따라 써 봅시다.

| じゅうしょ
住所 | 住所 | | |

| うけ つけ
受付 | 受付 | | |

| ゆう びん
郵便 | 郵便 | | |

| ばん ごう
番号 | 番号 | | |

| か かた
書き方 | 書き方 | |

| よこ が
横書き | 横書き | |

일본 문화 즐기기

엽서 쓰기

- 일본에서 엽서를 'はがき'라고 읽고 '葉書', 'ハガキ'로 표기한다. 엽서에는 다양한 목적과 형식이 있는데 그 중 대표적인 것이 '연하장(年賀状)'이다. 신년축하와 상대방에 대한 감사를 담은 연하장은 대인관계와 예의를 중시하는 일본인들에게 중요한 의미를 갖는 연례행사이다. 한편 더운 한여름에 상대방의 안부를 묻는 엽서를 '서중문안(暑中見舞)'이라고 한다.

- 일본 엽서를 쓰는 방식에는 세로쓰기(縦書き)와 가로쓰기(横書き)가 있는데 세로쓰기 쪽이 좀 더 격식을 갖춘 일반적인 방식이다. 세로쓰기로 주소를 기재하는 방법은 다음과 같다.

① 우편번호(郵便番号)는 아라비아 숫자로 기입한다.
② 상대방 주소(住所)는 우편번호 기입란으로부터 아래로 한 글자 여백을 두고 써내려간다. 세로쓰기는 오른쪽에서 왼쪽으로 행을 바꾼다. 세로쓰기의 숫자는 한자로 쓴다.
③ 상대방 이름(名前)은 엽서 중앙에 주소의 글자보다 크게 쓴다. 이름이 시작되는 위치는 주소 높이보다 약간 아래로 오도록 쓴다.
④ 자신의 주소와 이름은 각각 상대방 주소와 이름보다 작게 쓴다. 그 위치는 발신자 우편번호 기입란 바로 윗부분이다.

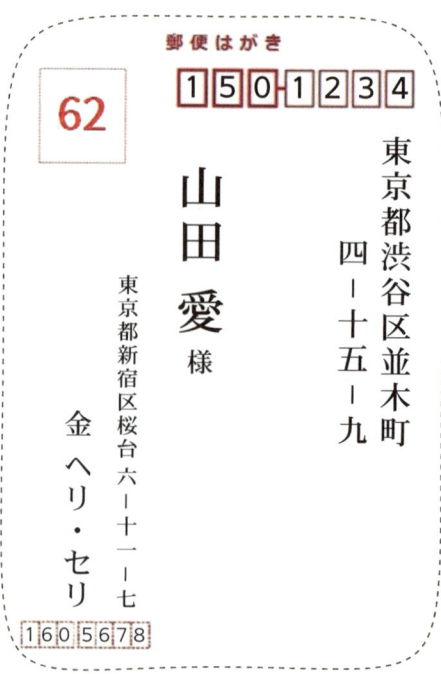

8

今 何を して
いますか
いま なに

학습목표

1_ 동사의 중지형「〜て/で」〈원인, 이유〉
2_ 「〜て/で います」・「〜て/で いません」〈진행〉
3_ 「まだ」・「もう」

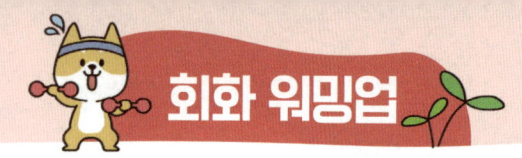

회화 워밍업

🟡 그림을 보면서 잘 듣고 말해 봅시다.

잘 듣고 다음과 같이 말해 봅시다.

1 A 今 何を して いますか。 지금 무엇을 하고 있습니까?

　 B ＿＿＿＿＿＿＿ て います。 ＿＿＿＿(하)고 있습니다.

2 A 何か ＿＿＿＿＿＿ て いますか。 뭔가 ＿＿＿＿(하)고 있습니까?

　 B いいえ、何も ＿＿＿＿＿＿ て いません。
　　 아니요, 아무것도 ＿＿＿＿(하)고 있지 않습니다.

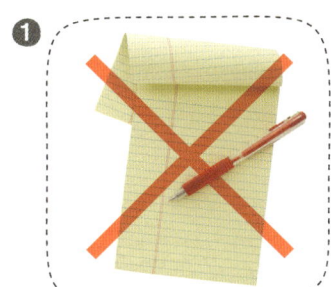  

レポート 리포트, 과제　　ドラマ 드라마

회화 마스터

🟡 왕 씨와 동아리 활동에 대하여 이야기를 나누는 해리와 새리

ヘリ	王さん、こんにちは。今、何を して いますか。
王	特に 何も して いませんが … のんびり お茶を 飲んで います。二人も、お茶 どうですか。
ヘリ・セリ	はい！
王	ヘリさんと セリさんは、もう 何か サークルに 入りましたか。
ヘリ	まだ 入って いませんが、私は ピアノサークルに 関心が あります。
セリ	私は この 前、はじめて テニスサークルの バーベキュー・パーティーに 行きました。この 写真を 見て ください。
王	あ、いい笑顔。何か 食べて いますね。
セリ	これは 焼きマシュマロです。お肉も よかったですが、これも おいしかったです。それに 日本人とも たくさん 話して、とても 楽しかったです。

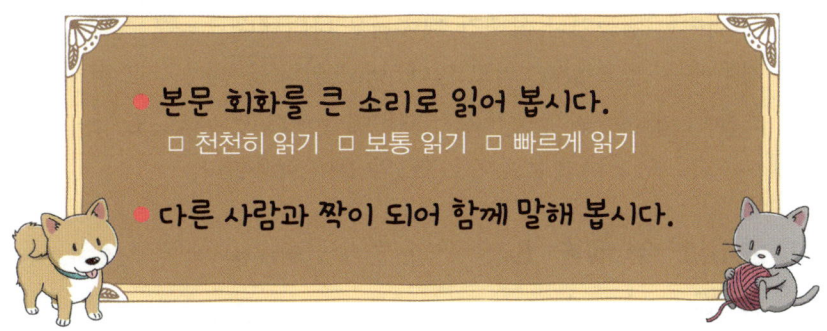

- 본문 회화를 큰 소리로 읽어 봅시다.
  □ 천천히 읽기 □ 보통 읽기 □ 빠르게 읽기
- 다른 사람과 짝이 되어 함께 말해 봅시다.

特に 특히, 특별히　のんびり 느긋하게　もう 이미, 벌써　まだ 아직　ピアノ 피아노　関心 관심
はじめて 처음으로　バーベキュー 바비큐　パーティー 파티　笑顔 웃는 얼굴　お肉 고기
焼きマシュマロ 구운 마시멜로

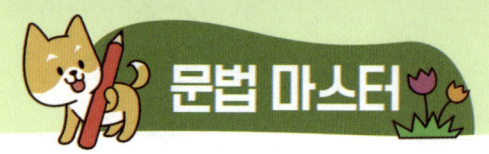
문법 마스터

① ～て/で ～(해)서/때문에

동사의「～て형」은 앞에서 배운 순접에 이어 원인이나 이유를 나타내기도 한다. 전후 문맥을 통하여 앞에 오는 사건이 어떤 계기가 되어 다른 사건이 일어난 경우에는 원인이나 이유로 해석하며, 한국어로는 '～(해)서'에 해당한다.

A 最近 体の 調子は どうですか。 최근 몸 상태는 어떻습니까?
B とても いいです。毎日 運動を して、元気に なりました。
아주 좋습니다. 매일 운동을 해서 건강해졌습니다.

A 朴さん、遅かったですね。 박 씨, 늦었군요.
B すみません。交通事故が あって 遅れました。
죄송합니다. 교통사고가 나서 늦었습니다.

② ～て/で います ～(하)고 있습니다
～て/で いません ～(하)고 있지 않습니다

「～て/で いる」는 동사의「～て형」에 존재를 나타내는「いる(있다)」가 보조동사로 사용된 형태로, 어떠한 행동이나 상태가 계속됨을 나타낸다.「～て/で いる」가 동작동사와 결합한 경우에는 '쓰고 있다, 읽고 있다, 먹고 있다'와 같이 주로 현재 진행의 의미를 나타낸다. 또한「いる」는 원래 동사이기 때문에「～て/で いる」도「～て/で います・いません・いました・いませんでした」와 같이 활용한다.

A ヘリさんは 今 何を して いますか。 해리 씨는 지금 무엇을 하고 있습니까?
B 部屋で 本を 読んで います。 방에서 책을 읽고 있습니다.

最近 최근, 요즘　調子 상태　毎日 매일　なる 되다　遅い 늦다, 느리다　交通事故 교통사고　遅れる 늦다, 늦어지다

A 早く 準備を して ください。今 何を して いますか。
빨리 준비해 주세요. 지금 무엇을 하고 있습니까?

B 天気予報を 見て います。あ、今日も 明日も 晴れですね。
일기예보를 보고 있습니다. 아, 오늘도 내일도 맑음이네요.

3 まだ・もう 아직・이미/벌써

시간과 관련된 부사 중에서「まだ」는 '아직',「もう」는 '이미, 벌써'라는 의미를 나타낸다.「まだ」는 주로 현재부정형과,「もう」는 과거·완료형과 호응관계를 이룬다.

A この 映画、もう 見ましたか。 이 영화 벌써 봤습니까?

B いいえ、まだ 見て いません。 아니요, 아직 보지 않았습니다.

A レポートは、もう 終わりましたか。 리포트는 벌써 끝났습니까?

B はい、もう 終わって、今は ひまです。 네, 이미 끝나서 지금은 한가합니다.

> **TIP**「まだ」는 주로 '아직 ~하지 않았다'는 의미로 사용되므로「~て いません」과 접속하는 경우가 많다.
> ○ いいえ、まだ 見て いません。
> × いいえ、まだ 見ません。

準備 준비   天気予報 일기예보

단어 마스터

🌻 아래의 표현을 골라 회화를 완성해 봅시다.

> A もう _____ ましたか。 벌써 _____(했)습니까?
> B いいえ、まだ _____ て(で) いません。
> 　　아니요, 아직 _____(하)지 않았습니다.

あつ
集まる

かえ
帰る

か
買う

す
捨てる

はら
払う

ふ　こ
振り込む

そう じ
掃除する

せんたく
洗濯する

集まる 모이다　**買う** 사다, 구입하다　**捨てる** 버리다　**払う** 지불하다, 계산하다　**振り込む** 입금하다
掃除する 청소하다　**洗濯する** 세탁하다, 빨래하다

말하기 & 읽기 마스터

🟡 밑줄 친 단어를 바꿔 말해 봅시다.

> A 今、<u>テレビを 見て</u> いますか。
> B いいえ、<u>見て</u> いません。

① 日記 | 書く　　② 本 | 読む　　③ 友だち | 待つ

🟡 다음을 읽고 질문에 맞게 답해 봅시다.

> 朴　もしもし、田中さん、お昼ごはん、もう 食べましたか。
> 田中　いいえ、お昼に 取引先で 会議が あって、まだ 食べて いません。
> 朴　そうですか。今、どこですか。
> 田中　今、駅です。10分 以上 電車を 待って います。
> 朴　私は 今 車を 運転して います。駅の 近くに いますよ。
> 　　車で 一緒に 会社に 戻りませんか。
> 田中　いいですか。ありがとうございます。

① 田中さんは お昼ごはんを 食べましたか。

___

② 田中さんは 駅で 何を して いますか。

___

日記 일기　　取引先 거래처　　以上 이상　　運転する 운전하다　　近く 근처, 가까이　　戻る 돌아가다

쓰기 마스터

🌕 그림을 보고 질문에 맞는 답을 써 봅시다.

1

① ケビンさんは、今 何を して いますか。

_____

② 山田さんは、今 何を して いますか。

_____

2

田中さんの 今日の 予定	
☑ 部屋を 掃除する	☑ ゴミを 捨てる
☐ 服を 洗濯する	☐ 銀行で お金を 振り込む

① 田中さんは、もう ゴミを 捨てましたか。

_____

② 田中さんは、もう 銀行で お金を 振り込みましたか。

_____

🏠 ゴミ 쓰레기

한자 마스터

🟡 한자를 따라 써 봅시다.

とく 特に	特に		
かん しん 関心	関心		
え がお 笑顔	笑顔		
にく お肉	お肉		
あつ 集まる	集まる		
す 捨てる	捨てる		

일본 문화 즐기기

동아리활동(部活)
　　　　　　　　ぶ かつ

- 학교 동아리활동을 '部活動', 줄여서 '部活'라고 한다. '클럽활동(クラブ活動)', '서클활동(サークル活動)'도 거의 같은 의미로 쓰이는데 '部活'라고 하면 특히 학교에서 활동하는 동아리라는 뉘앙스가 강하다.

- 대학 동아리는 크게 운동부 동아리와 문화 관련 동아리로 나누어진다. 운동부 계열은 야구(野球), 테니스(テニス), 배구(バレーボール) 등의 구기(球技) 관련, 스모(相撲), 유도(柔道), 검도(剣道) 등의 격투기(格闘技) 관련, 스키(スキー), 요트(ヨット), 행글라이더(ハングライダー) 등의 야외활동 관련 등등 거의 모든 운동부가 존재한다. 문화 관련 동아리로는 록(ロック), 연극(演劇), 다도(茶道), 만화(漫画), 퀴즈(クイズ) 등의 예술예능 관련, 문예(文芸), 과학(科学), 사회(社会), 정치(政治), 경제(経済) 등에 관한 학술탐구 관련, 컴퓨터(コンピューター), 로봇(ロボット), 기계(機械) 등의 기술산업 관련, 종교나 사상 관련, 파칭코(パチンコ), 경마(競馬) 등 오락을 목적으로 하는 동아리도 있다.

- 대학 동아리 중에는 다음과 같은 이색 동아리들도 있다.

동아리 이름	활동 내용
만세동맹(バンザイ同盟)	각종 축하자리를 찾아가 만세를 부르는 동아리
펜돌리기연구회(ペン回し研究会)	펜돌리기 기술을 연마하는 동아리
귤애호회(みかん愛好会)	일본의 귤 소비를 촉진하고자 하는 동아리
술래잡기서클(鬼ごっこサークル)	술래잡기를 즐기는 동아리
종이접기서클(折紙サークル)	종이접기의 창작·연구·전시 등을 하는 동아리
학식연구회(学食研究会)	전국의 대학학생식당을 탐방하는 동아리
카레부(カレー部)	카레를 사랑하고 연구하는 동아리
노숙서클(野宿サークル)	여러 곳을 다니며 노숙하는 동아리

9

窓が 閉まって いますね
まど　　し

학습목표

1_ 상태① 「〜て/で いる」
2_ 상태② 「〜て/で ある」
3_ 「〜ので」〈원인, 이유〉
4_ 접속조사 「〜が」의 용법

🟡 그림을 보면서 잘 듣고 말해 봅시다.

梅雨 장마   降る (비, 눈) 내리다

🌕 **잘 듣고 다음과 같이 말해 봅시다.** 🎧 60~61

1 A 今日は 人が 多いですね。 오늘은 사람이 많네요.

　　 B はい。＿＿＿＿＿＿なので 人が 多いです。
　　　 네, ＿＿＿＿＿(이)라서 사람이 많습니다.

❶

❷

❸

2 A 窓が 閉まって いますね。 창문이 닫혀 있네요.

　　 B ＿＿＿＿＿＿ので、私が 閉めました。 ＿＿＿＿(해)서 제가 닫았습니다.

❶

❷

❸

なので ~(이)기 때문에, ~(이)라서　　夏祭り 여름축제　　季節 계절, 철　　窓 창, 창문　　閉まる 닫히다
ので ~(하)기 때문에, ~(해)서　　閉める 닫다　　強い 강하다, 세다　　騒音 소음

회화 마스터

🟡 일본의 장마철 더위에 대해 이야기하는 선생님과 새리와 케빈

🎧 62~64

田中先生　あれ、窓が 閉まって いますね。
　　　　　さっきは 開けて ありましたが…。

セリ　　　雨が 強かったので、私が 閉めました。

田中先生　そうでしたか。ありがとう。
　　　　　梅雨の 季節なので、雨が よく 降りますね。

ケビン　　日本は 雨が 多くて、蒸し暑いです。汗が たくさん 出ます。

田中先生　そうですね。少し 暑いですから、クーラーを つけましょう。
　　　　　…あれ、クーラーが つきませんね。おかしいな。

セリ　　　先生、クーラーの コードが 抜けて います。

田中先生　あ、うっかりして いました。誰か コードを さして ください。

ケビン　　ぼくが やります。

田中先生　お願いします。

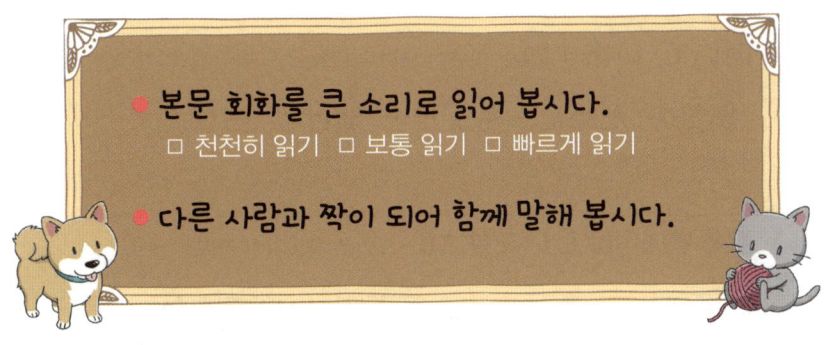

- 본문 회화를 큰 소리로 읽어 봅시다.
  □ 천천히 읽기　□ 보통 읽기　□ 빠르게 읽기
- 다른 사람과 짝이 되어 함께 말해 봅시다.

さっき 아까　開ける 열다　蒸し暑い 무덥다　汗 땀　クーラー 에어컨　つける 켜다　つく 켜지다
おかしい 이상하다　コード 코드　抜ける 빠지다　うっかりする 깜박하다　誰か 누군가　さす 꽂다　やる 하다

9 窓が 閉まって いますね

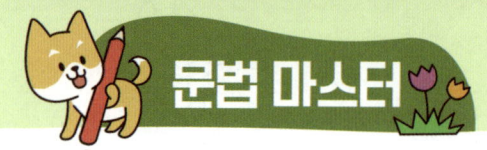

문법 마스터

1. 자동사 て/で いる ~(해) 있다

「~て/で いる」는 동사의 종류에 따라 의미가 달라지는데, 앞에 오는 동사가 자동사인 경우에는 대개 '~(해) 있다'는 상태를 나타낸다. 참고로 자동사는 '문이 열리다, 학교에 가다'와 같이 대상(목적격)에 조사「~を」를 필요로 하지 않는 동사이다.

A 窓が 開いて いますね。 창문이 열려 있네요.

B 本当だ。ドアも 開いて いますね。おかしいな。
정말이네. 문도 열려 있네요. 이상하네.

A 隣の 教室、電気が ついて いますか。 옆 교실 불이 켜져 있습니까?

B いいえ、電気は ついて いません。 아니요, 불은 켜져 있지 않습니다.

2. 타동사 て/で ある ~(해) 있다, ~(해) 두다

상태를 나타내는 두 번째 표현은 타동사에 「~て/で ある」를 접속하는 것이다. 「타동사 + ~て/で ある」가 나타내는 상태는 단순한 상태가 아니라, 어떤 목적을 가지고 의도적으로 그렇게 해 두었음을 나타낸다. 타동사를 사용함으로서 동작주의 존재가 암시된다는 점에서 「자동사 + ~て/で いる」와 구별된다.

A 窓が 開いて いますね。 창문이 열려 있네요.

B はい。換気の ために、ちょっと 開けて あります。
네. 환기를 위해 잠깐 열어 두었습니다.

A 熱い 飲み物が ほしいですね。 뜨거운 음료가 마시고 싶네요.

B お湯は 沸かして あります。紅茶で いいですか。
뜨거운 물은 끓여 두었습니다. 홍차로 괜찮으신가요?

ドア 문　電気 전기, 전깃불　換気 환기　ために 위해서　熱い 뜨겁다　沸かす 끓이다

3 ～ので ~(이/하)기 때문에, ~(이/하)니까

접속조사「～ので」는 원인이나 이유를 나타낸다.「～ので」의 경우는 품사에 따라서 접속이 달라진다. 명사, な형용사는「～なので」형태로 쓰이며, い형용사와 동사는 종지형에 접속한다. 종지형이란 문장을 끝맺을 수 있는 모든 보통체 활용형을 말한다.「～ので」는「～から」와 비교해서 사실 관계가 확실한 인과 관계를 객관적으로 기술하는 형식으로 정중체에서 자주 사용된다.

A あれ、木村さんが いませんね。 어라, 기무라 씨가 없네요.
B はい。木村さんは 風邪なので、今日は 会社に 来ません。
 네, 기무라 씨는 감기라서 오늘은 회사에 오지 않습니다.

A もう 9時ですね。 벌써 9시네요.
B 時間が ないので、急いで ください。 시간이 없으니까 서둘러 주세요.

4 ～が ~(인/하는)데, ~(이/하)기는 한데

접속조사「～が」는 역접을 나타내기도 하지만 경우에 따라서는 뒤에 오는 술어와 관련된 보충적 설명을 미리 제시하기도 한다.

A この 靴、どうですか。 이 구두 어때요?
B かわいいですが、ちょっと 小さいです。 귀엽기는 한데 좀 작습니다.

A あの 映画、もともとは 小説でしたね。 저 영화 원래는 소설이었죠.
B はい。小説も 面白かったですが、映画は もっと 面白いですよ。
 네, 소설도 재미있는데 영화는 더 재미있어요.

風邪 감기 急ぐ 서두르다 靴 신발, 구두 小説 소설 面白い 재미있다 もっと 더욱

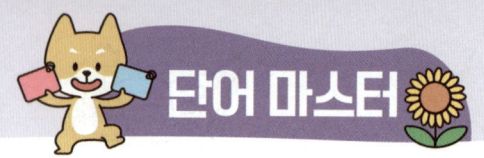

단어 마스터

○ 다음과 같이 표현을 골라 알맞은 형태로 바꾸어 회화를 완성해 봅시다.

A _____は _____て いますか。 _____은/는 _____(해) 있습니까?
B はい、_____は もう_____て あります。
　　네, _____은/는 이미 _____(해) 있습니다.

A 火<small>ひ</small>が 消<small>き</small>える
B 火<small>ひ</small>を 消<small>け</small>す

A かぎが かかる
B かぎを かける

A 書類<small>しょるい</small>が 入<small>はい</small>る
B 書類<small>しょるい</small>を 入<small>い</small>れる

A 書類<small>しょるい</small>が 出<small>で</small>る
B 書類<small>しょるい</small>を 出<small>だ</small>す

消える 꺼지다　　消す 끄다　　かぎ 열쇠　　かかる 걸리다, 잠기다, 채워지다　　かける 걸다, 잠그다, 채우다　　書類 서류
出る 나오다

말하기 & 읽기 마스터

🟡 밑줄 친 단어를 바꿔 말해 봅시다.

> <u>雨</u>なので、<u>バスに 乗ります</u>。

① 日曜日 | 洗濯と 掃除を する
② テスト | 朝から 図書館に 行く
③ 金さんの 誕生日 | ケーキを 買いに 行く

🟡 다음을 읽고 질문에 맞게 답해 봅시다.

> 今日は いい 天気だったので、洗濯を して、部屋の 掃除も しました。いつも 窓は 閉めて ありますが、掃除の 時は 換気の ために 開けました。その 後、母を 迎えに 行きました。午後 ２時 ４０分に 駅に 着きました。約束の 時間は 午後 ３時でしたが、母は もう 到着して いました。少し 暑かったので、カフェで 冷たい ジュースを 飲みました。クーラーが ついて いましたから、涼しかったです。

① 窓は いつも 開いて いますか。

　いいえ、＿＿＿＿＿＿＿＿＿＿＿＿＿＿＿＿＿＿＿＿て あります。

② 午後 ２時 ４０分に、お母さんは 駅に いましたか。

　はい、＿＿＿＿＿＿＿＿＿＿＿＿＿＿＿＿＿＿＿＿て いました。

③ どうして カフェは 涼しかったですか。

　＿＿＿＿＿＿＿＿＿＿＿＿＿＿＿＿て いましたから、涼しかったです。

約束 약속　**涼しい** 시원하다, 서늘하다

9 窓が 閉まって いますね | 113

쓰기 마스터

🟡 **빈칸을 채워서 글을 완성해 봅시다.**

1 그림을 보고 「〜て います」와 「〜て いません」을 사용해 방 안을 설명해 봅시다.

① キャンドルの 火_ひは _____

② 窓_{まど}は _____

③ 電気_{でんき}は _____

2 「〜て います」와 「〜て あります」를 사용해 아래의 사물에 대해 당신이 있는 방 안의 상황을 설명해 봅시다.

> ドア、ドアのかぎ、窓_{まど}、電気_{でんき}

いま、_____

_____

_____

_____

_____

🏠
キャンドル 캔들, 양초

한자 마스터

🟡 한자를 따라 써 봅시다.

まど 窓	窓		
かんき 換気	換気		
きせつ 季節	季節		
あ 開ける	開ける		
し 閉める	閉める		
ぬ 抜ける	抜ける		

9 窓が 閉まって いますね

일본 문화 즐기기

장마(梅雨)

- 일본에서 5월부터 7월에 걸쳐 전국적으로 비가 계속되는 장마기간을 '梅雨' 또는 '梅雨'라고 부른다. '梅雨'가 시작되는 시기는 지역마다 다른데, 오키나와(沖縄)에서 5월 중순, 규슈(九州) 남부에서 5월 하순, 규슈 북부와 서일본(西日本)에서 동북지방(東北地方)에 걸쳐서는 6월 초순부터 중순 사이이다. 북해도(北海道)에는 장마가 없다.

- 장마의 시작을 '梅雨入り'라고 하고 장마의 끝을 '梅雨明け'라고 하는데, 기상청에서 지역별로 그 시기를 공식 발표한다. 장마의 기간은 보통 한 달 반 전후로 지역에 따라 큰 차이는 없다. 남쪽 지방일수록 강우량이 많으며 규슈에서는 500mm 정도로 연간강우량의 약 4분의 1이 내리고, 관동지방(関東地方)에서는 300mm 정도로 연간강우량의 약 5분의 1이 내린다고 한다.

- '梅雨'라는 말은 에도시대(江戸時代:1603~1868)에 중국에서 일본으로 건너온 것이라고 하는데, 매실(梅の実)이 익을 무렵에 내리는 비에서 왔다는 설이 있다. 그 외에 장마철에는 습기가 많아 곰팡이가 피기 쉽다는 데에서 '黴雨'라고 했던 것을 같은 소리의 '梅雨'로 표기가 바뀌었다는 설도 있다. 한편 '梅雨'라는 말이 일본에 들어오기 전부터 음력 5월경에 내리는 비를 '五月雨'라고 불렀다.

10

じゃあ、教えてあげます！

학습목표

1_ 행위의 수수표현 「〜て/で あげる」・「〜て/で くれる」・「〜て/で もらう」
2_ 의뢰 「〜て/で くれませんか」
3_ 시도 「〜て/で みる」

🌕 그림을 보면서 잘 듣고 말해 봅시다.

▸ デート 데이트　教えて くれませんか 가르쳐 주지 않겠습니까?

잘 듣고 다음과 같이 말해 봅시다.

1 A すみません。もう 一度 _____ て くれませんか。
죄송합니다. 한번 더 _____ (해)주지 않겠습니까?

　　B いいですよ。 좋아요.

2 A 金さんは、まだですか。 김 씨는 아직입니까?

　　B はい。_____ て みます。 네, _____ (해) 보겠습니다.

10 じゃあ、教えて あげます！ | 119

회화 마스터

🟡 왕 씨에게 모르는 한자를 물어보는 새리

🎧 69〜71

ワン　セリさん、テストは いくつ ありますか。

セリ　作文の 授業は レポートですから、テストは 全部で 五つです。

ワン　あ、私と 同じですね。

セリ　王さん、この 問題、教えて くれませんか。

ワン　いいですよ。まず、この 単語は 知って いますか。

セリ　はい、知って います。
　　　これは、昨日 ヘリに 教えて もらいました。

ワン　じゃ、この 単語を ヒントに、もう 一度 考えて みて ください。

セリ　ああ、どうしても 分かりません。
　　　王さん、答えを 教えて ください。

ワン　はい。じゃあ、教えて あげます！

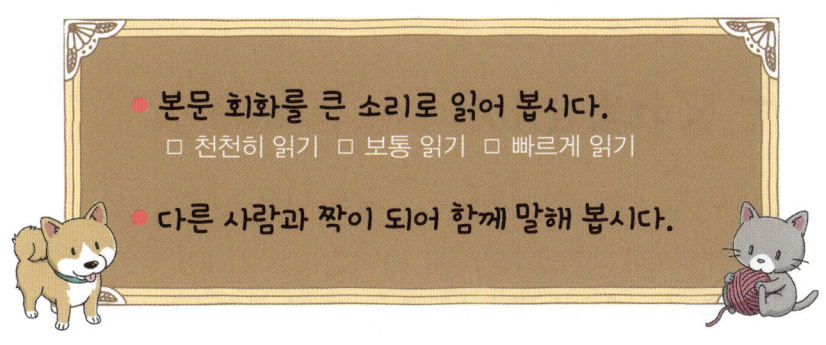

- 본문 회화를 큰 소리로 읽어 봅시다.
  □ 천천히 읽기　□ 보통 읽기　□ 빠르게 읽기
- 다른 사람과 짝이 되어 함께 말해 봅시다.

作文 작문　全部 전부　教える 가르치다　知る 알다　教えて もらいました 가르쳐 주었습니다　ヒント 힌트, 단서
考える 생각하다　どうしても 아무리 해도　答え 답, 정답　教えて あげます 가르쳐 줄게요

문법 마스터

❶ ～て/で あげる・～て/で くれる ～(해) 주다
～て/で もらう ～(해) 받다

주고받는 것을 의미하는 수수동사는 동사의 「～て/で형」과 결합하여 보조동사로도 사용된다. 이 경우 앞에 오는 동사는 주로 행위와 관련된 동사로, 특히 '누가 누구에게 무엇인가를 해 주었다'는 은혜의 의미를 내포하고 있다. 보조동사로 사용될 때도 단독 동사의 경우와 마찬가지로 누가 누구에게 주는가에 따라 「～て あげる」와 「～て くれる」의 사용이 달라진다. 우리말에서는 '준 사람'이 주어가 되어 '누가 ~해 주었다'는 표현이 일반적이지만, 일본어에서는 '받는 사람'이 주어가 되어 '누구에게 ~해 받았다'라는 표현이 자주 사용된다. 이 경우 한국어 해석에서는 의역이 필요하다.

> ケビンさんが 私(わたし)に 英語(えいご)を 教(おし)えて くれました。
> 케빈 씨가 나에게 영어를 가르쳐 주었습니다.
> 私(わたし)は ケビンさんに 英語(えいご)を 教(おし)えて もらいました。
> 나는 케빈 씨에게 영어를 가르쳐 받았습니다.

A ケビンさんに 韓国料理(かんこくりょうり)を 教(おし)えて あげました。
케빈 씨에게 한국요리를 가르쳐 주었습니다.

B 私(わたし)にも 教(おし)えて ください。 저에게도 가르쳐 주세요.

❷ ～て/で くれませんか ～(해) 주지 않겠습니까?

「～て/で くれませんか」는 「～て/で くれる」의 활용 중 하나로서 '~(해) 주지 않겠습니까?'라는 부탁이나 의뢰를 나타낸다. 「～て/で くれますか(~(해) 주겠습니까?)」가 직접적인 의뢰를 나타내는 데에 비하여 「～て/で くれませんか」는 상대방의 의향에 중심을 둔 의뢰 표현이다.

韓国料理(かんこくりょうり) 한국요리

A　すみません。写真を 撮って くれませんか。
죄송합니다. 사진을 찍어 주지 않겠습니까?

B　はい、いいですよ。 네, 좋아요.

3　〜て/で みる　〜(해) 보다

「〜て/で みる」는 동사의 「〜て형」에 「みる(보다)」가 보조동사로 접속된 형태로, 우리말의 '〜(해) 보다'에 해당하는 표현이다.

A　佐藤さん、頑張って。 사토 씨, 힘내세요.

B　ありがとうございます。もう 一度 やって みます。
감사합니다. 한번 더 해 보겠습니다.

A　この なぞなぞ、みんなで 答えを 考えて みましょう。
「空の 上には 何が ある？」
이 수수께끼, 모두 함께 답을 생각해 봅시다. "소라(하늘) 위에는 뭐가 있을까?"

B　あ、分かりました。「シ」ですね。「ド・レ・ミ・ファ・ソ・ラ・シ・ド」。
아, 알겠어요. '시'군요. '도, 레, 미, 파, 솔, 라, 시, 도'.

頑張る 힘내다, 열심히 하다　なぞなぞ 수수께끼　みんなで 모두, 다같이　空 하늘　分かる 알다, 이해하다

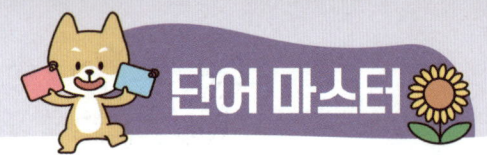

단어 마스터

🌻 다음과 같이 단어를 골라 알맞은 형태로 바꾸어 회화를 완성해 봅시다.

A すみません。ちょっと ＿＿＿＿＿＿ て くれませんか。
죄송합니다. 잠깐 ＿＿＿＿＿＿(해) 주지 않겠습니까?

B いいですよ。 좋아요.

ペンを 貸す

荷物を 持つ

駅まで 送る

宿題を 手伝う

本を 見せる

コーヒーを 買って くる

代わりに 申し込む

かばんを 見て いる

ペン 펜　貸す 빌려주다　送る 데려다 주다　代わり 대신　申し込む 신청하다

🟡 밑줄 친 단어를 바꿔 말해 봅시다.

> セリ ➡ テニスを 教える ➡ 私
> セリさんが テニスを 教えて くれました。
> セリさんに テニスを 教えて もらいました。

① 王さん ➡ 宿題を 手伝う ➡ 私
② ケビンさん ➡ 代わりに 申し込む ➡ 私
③ 渡辺さん ➡ 駅まで 送る ➡ 私

🟡 다음을 읽고 질문에 맞게 답해 봅시다.

> 渡辺　今月末に、就職説明会が ありますね。
> 佐藤　え、知りませんでした。その 資料、私にも 送って くれませんか。
> 渡辺　いいですよ。申し込みの 方法が ちょっと 難しいですから、授業の 後、やり方を 教えて あげます。
> 佐藤　ありがとうございます。説明会の 時の 服は どう しますか。
> 渡辺　あ、私も 分かりません。明日、田中さんに 聞いて みます。

① 佐藤さんは 誰に 何を 送って もらいますか。

_____

② 渡辺さんは 授業の 後、佐藤さんに、何を して あげますか。

_____

今月末 이달 말　就職 취업　説明会 설명회　資料 자료　申し込み 신청　方法 방법　やり方 하는 법

쓰기 마스터

○ 〜て あげる/ くれる/ もらう 를 사용해서 써 봅시다. (※사용하지 않는 경우도 있습니다.)

私 → 傘を 貸す → 金さん
○ (私が) 金さんに 傘を 貸して あげました。
× (私が) 金さんに 傘を 貸して くれました。
× 金さんは (私に) 傘を 貸して もらいました。

① 私 → 荷物を 持つ → おばあさん

② 木村さん → 日本語を 教える → 朴さん

③ 姉 → 辞書を 買う → 私

④ 李さん → やり方を 見せる → 田中さん

한자 마스터

🟡 한자를 따라 써 봅시다.

さく ぶん 作文	作文		
し りょう 資料	資料		
し 知る	知る		
こた 答え	答え		
わ 分かる	分かる		
かんが 考える	考える		

일본 문화 즐기기

일본식 한자(和製漢字)
                    わ せい かん じ

- 일본에서 독자적으로 만들어진 일본식 한자를 '和製漢字(わせいかんじ)'라고 하며, '国字(こくじ)'라고도 부른다.
- '和製漢字(わせいかんじ)'는 대부분 한자를 구성하는 각 부분의 뜻을 합성하여 만들어진 '회의문자(会意文字(かいいもじ))'이다. 예를 들어 밭을 의미하는 '畑(はたけ)'는 '火'자와 '田'자를 합친 것으로 화전(火田), 즉 산의 초목에 불을 질러 밭으로 만들었다는 뜻에서 생겨난 한자이다. 그렇기 때문에 한자를 뜻으로 읽는 '훈독(訓読(くんよ)み)'만 있는 경우가 거의 대부분이다. 그러나 숙어를 만들기 위해서 음(音(おん))으로 읽는 '음독(音読(おんよ)み)'이 함께 있거나 음독만 존재하는 경우도 있다. 대체로 에도시대(江戸時代(えどじだい):1603~1868) 이전에 만들어진 오래된 '和製漢字(わせいかんじ)'는 훈독만 있고, 에도시대 이후에 만들어진 새로운 '和製漢字(わせいかんじ)'는 서양어의 개념을 한자화한 것으로 거의 음독만 존재한다.

일본식 한자	읽기	의미·해설
峠	とうげ	언덕. 산의 오르막길과 내리막길의 경계라는 뜻
働	はたら(く)・ドウ	일하다. 사람이 움직인다는 뜻으로 '노동(労働)' 등 음독이 있음
榊	さかき	비쭈기나무. 신에게 바치는 나무라는 뜻
雫	しずく	물방울. 빗물이 아래로 떨어진다는 뜻
躾	しつけ	예의범절을 가르침. 몸가짐을 바르고 아름답게 한다는 뜻
鰯	いわし	정어리. 약한 생선이라는 뜻

11

テニスを した ことが ありますか

학습목표

1_ 동사의 과거 완료형 「～た/だ」
2_ 경험 「～た/だ ことが ある」
3_ 열거 「～たり/だり ～たり/だり する」

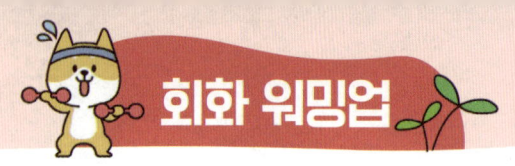

🎾 그림을 보면서 잘 듣고 말해 봅시다.

🟡 잘 듣고 다음과 같이 말해 봅시다. 🎧 74~75

1 A ＿＿＿＿＿＿＿た ことが ありますか。＿＿＿＿＿(한) 적이 있습니까?

　 B はい、あります。/ いいえ、ありません。 네, 있습니다. / 아니요, 없습니다.

❶

❷

❸

2 A 日曜日(にちようび)は 何(なに)を しますか。 일요일에는 무엇을 합니까?

　 B ＿＿＿＿＿たり ＿＿＿＿＿たり します。 ＿＿＿(하)거나 ＿＿＿(하)거나 합니다.

❶

❷

❸

相撲(すもう) 스모(일본 전통 씨름)　　登(のぼ)る 오르다, 올라가다

11 テニスを した ことが ありますか ｜ 131

회화 마스터

🎾 **테니스부 활동에 참여한 새리**

先輩（せんぱい）	セリさんは テニスを した ことが ありますか。
セリ	いいえ、はじめてです。卓球（たっきゅう）を した ことは ありますが…。
先輩	卓球と テニスは 意外（いがい）と 共通点（きょうつうてん）が 多（おお）いですよ。
セリ	そうですか。ところで、この サークルでは 合宿（がっしゅく）が ありますか。
先輩	はい、私（わたし）たちの サークルでも 7月（しちがつ）に 合宿（がっしゅく）が あります。
セリ	合宿（がっしゅく）では 何（なに）を しますか。
先輩	テニスの ほかに、海（うみ）で 遊（あそ）んだり、キャンプファイヤーを したり しますよ。あ、そろそろ 時間（じかん）ですね。じゃあ、まずは グラウンドを 走（はし）ったり、ストレッチを したり して 準備運動（じゅんびうんどう）を しましょう。
セリ	はい！よろしく お願（ねが）いします。

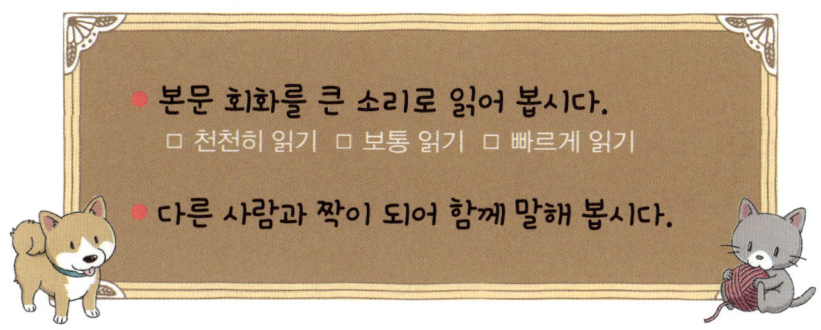

卓球（たっきゅう） 탁구　意外（いがい）と 의외로　共通点（きょうつうてん） 공통점　合宿（がっしゅく） 합숙　キャンプファイヤー 캠프파이어　そろそろ 슬슬
グラウンド 운동장　ストレッチ 스트레칭　準備運動（じゅんびうんどう） 준비운동

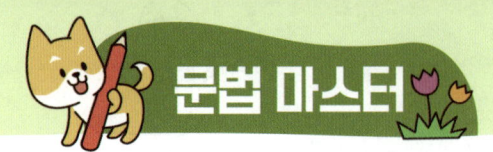 **문법 마스터**

① ～た/だ ～(했)다

동사의 「～た/だ형」은 '~(했)다'는 과거 및 완료를 나타낸다. 「～た형」도 동사의 「～て형」과 동일하게 활용하는데, 동사의 종류에 따라 「～だ」와 같이 탁음이 붙는 경우도 같다.

> **TIP** 예외 동사 「行く」는 「行った」가 된다.
> 行く (가다) ➡ (○) 行った (갔다) (×) 行いた

A 「来た、見た、勝った」 という 言葉が ありますね。
'왔노라, 보았노라, 이겼노라.'라는 말이 있지요.

B え、それ、何ですか。知りません。 네? 그게 뭐예요? 몰라요.

A この 野菜炒め、あぶらっこいですね。 이 야채 볶음, 기름지군요.

B 炒めた というより 油で 揚げた という 感じですね。
볶았다고 하기보다 기름으로 튀겼다는 느낌이에요.

② ～た/だ ことが ある ～(한) 적이 있다

「～た/だ ことが ある」는 과거 및 완료를 나타내는 「～た/だ형」을 활용한 문형으로서 경험의 유무를 나타낸다.

A 北海道に 行った ことが ありますか。 홋카이도에 간 적이 있습니까?

B はい、一度だけ あります。 네, 딱 한 번 있습니다.

勝つ 이기다　という ~라는　言葉 말, 단어　野菜炒め 채소볶음　あぶらっこい 기름지다, 느끼하다　炒める 볶다
より ~보다　油 기름　揚げる 튀기다　北海道 홋카이도(지명)　一度 한 번

A 鈴木恵さんを 知って いますか。 스즈키 메구미 씨를 알고 있어요?

B 名前は 聞いた ことが ありますが、一度も 会った ことは ありません。 이름은 들은 적이 있지만 한 번도 만난 적은 없습니다.

③ ～たり/だり ～たり/だり する ～(하)거나 ～(하)거나 하다

「～たり/だり ～たり/だり する」는 두 가지 이상의 동작이나 상태 등을 열거할 때 사용한다. 경우에 따라서는 「～たり/だり する」와 같이 하나만 열거하기도 하는데, 이 경우는 대표적인 것을 언급하면서 다른 것도 있음을 암시한다.

A 昨日の 飲み会、どうでしたか。 어제 술자리 어땠어요?

B 飲んだり 食べたり 歌ったり して、すごく 盛り上がりました。
마시거나 먹거나 노래를 부르거나 하면서 분위기가 무척 달아올랐어요.

A ひまな 時、何を しますか。 한가할 때 무엇을 합니까?

B よく 美術館に 行ったり します。 종종 미술관에 가거나 합니다.

盛り上がる 오르다, 무르익다　　美術館 미술관

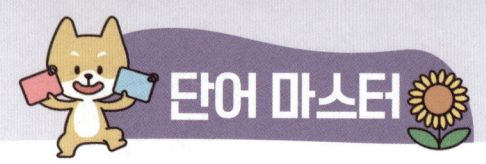

단어 마스터

다음과 같이 단어를 골라 알맞은 형태로 바꾸어 회화를 완성해 봅시다.

A _____ た ことが ありますか。 _____(한) 적이 있습니까?

B いいえ、_____ た ことは ありません。今回(こんかい)が 初(はじ)めてです。
아니요, _____(한) 적은 없습니다. 이번이 처음입니다.

 着物(きもの)を 着(き)る

 下駄(げた)を はく

 和菓子(わがし)を 作(つく)る

 相撲(すもう)を 見(み)る

 茶道(さどう)を 習(なら)う

 旅館(りょかん)に 泊(と)まる

 盆踊(ぼんおど)りを 踊(おど)る

 お祭(まつ)りに 参加(さんか)する

着物(きもの) 기모노(일본 전통 의상)　着る(き) (상의) 입다　下駄(げた) 게다(일본 전통 신발)　はく (하의) 입다, (신발) 신다
和菓子(わがし) 화과자(일본 전통 과자)　茶道(さどう) 다도　習う(なら) 배우다　旅館(りょかん) 여관(일본 전통 고급 숙박 시설)　泊まる(と) 묵다, 숙박하다
盆踊(ぼんおど)り 봉오도리(축제에서 추는 춤)　お祭(まつ)り 축제　参加(さんか)する 참가하다, 참석하다

● 밑줄 친 단어를 바꿔 말해 봅시다.

> 家で、テレビを 見たり、音楽を 聴いたり しました。

① 日本語の テスト ｜ カタカナを 書く ｜ 漢字を 読む
② お祭り ｜ 盆踊りを 踊る ｜ 金魚すくいを する
③ 広島 ｜ お好み焼きを 食べる ｜ 有名な 神社に 行く

● 다음을 읽고 질문에 맞게 답해 봅시다.

> 朴 王さんは 日本に 行った ことが ありますか。
> 王 いいえ、一度も ありません。でも 今度の 夏休みに、はじめて 日本に 行きます。
> 朴 それは 良かったですね。日本では 何が したいですか。
> 王 お寿司を 食べたり、お祭りに 参加したり したいです。
> 朴 楽しみですね。私は 京都に 行った ことが あります。京都では 着物を 着たり、和菓子を 作ったり しました。

① 王さんは 日本で 何が したいですか。
_____たり、_____たり したいです。

② 朴さんは どこで、何を 作った ことが ありますか。
_____で _____を _____。

金魚すくい 금붕어 낚기 広島 히로시마(지명) 神社 신사(일본 고유 사당) 夏休み 여름방학 お寿司 초밥

쓰기 마스터

예문의 형식을 사용해서 써 봅시다.

1

예문	형식
週末は よく、友達に 会って お酒を 飲んだり、デパートに 行って 洋服を 買ったり します。	週末は よく、_____たり/だり、_____たり/だり します。

① 週末は よく、주먹밥을 만들어 공원에 가거나 _____、
친구를 불러 파티를 하거나 _____ します。

② 週末は よく、_____、
_____ します。

2

예문	형식
私は まだ 馬に 乗った ことが ありませんから、馬に 乗って みたいです。	私は まだ _____た/だ ことが ありませんから、_____です。

① 私は まだ 바다에서 헤엄친 적이 없어서 _____から、
바다에서 헤엄쳐 보고 싶다 _____です。

② 私は まだ _____から、
_____です。

馬 말

한자 마스터

🟡 한자를 따라 써 봅시다.

き もの 着物	着物		

い がい 意外	意外		

がっ しゅく 合宿	合宿		

さん か 参加	参加		

まつ お祭り	お祭り		

きょう つう てん 共通点	共通点		

일본 문화 즐기기

온천탁구(温泉卓球)
おん せん たっ きゅう

- 탁구는 일본에서도 남녀노소 누구나가 즐길 수 있는 대중적인 스포츠로 널리 사랑받고 있다. 어려운 규칙이나 기술이 덜 요구되고 기후나 장소, 장비의 구애 없이 손쉽게 할 수 있기 때문이다.

- 일본 탁구의 역사는 1902년 동경고등사범학교의 한 교사가 영국 유학에서 돌아올 때 탁구의 규칙서와 도구를 가져와 소개한 데에서 시작되었다고 한다. 그 후 탁구는 일본에 널리 보급되어 1950년대에서 60년대에 걸쳐서는 '탁구왕국일본(卓球王国日本)'이라고 불릴 정도로 일본 탁구 선수들이 국제무대에서 크게 활약하였고 탁구는 인기스포츠로 뿌리내리게 되었다.

- '온천탁구(温泉卓球)'라는 말이 있듯이, 일본에서는 유난히 탁구와 온천여관(温泉宿)이 밀접한 관계에 있다. 한정된 좁은 공간에서 누구나가 손쉽게 즐길 수 있다는 점이, 일찍부터 탁구가 온천여관의 대표적인 오락으로 정착된 이유라고 한다. 온천탁구의 발상지가 어느 온천인가를 둘러싼 논쟁 또한 뜨겁다.

- 1998년에는 문자 그대로 『온천탁구(温泉卓球)』라는 제목의 영화가 상영되었다. 탁구 이벤트를 통해 쇠퇴해가는 온천마을을 일으켜 세우려한다는 코미디영화이다. 이 영화 덕분에 온천탁구 붐이 다시 일게 되었다고 한다.

12

お風呂に 入っても いいですか

학습목표

1_ 허가 「～ても/でも いい」
2_ 금지 「～ては/では いけない」
3_ 준비・조치 「～て/で おく」

🔊 그림을 보면서 잘 듣고 말해 봅시다.

見ても いいですか 봐도 되나요?　いけません 안됩니다

잘 듣고 다음과 같이 말해 봅시다.

1 A これ、少し _____ ても いいですか。 이거 좀 _____ (해)도 되나요?

　　B はい、いいです。 네, 됩니다.

2 A ここで _____ ても いいですか。 여기서 _____ (해)도 되나요?

　　B いいえ、いけません。 아니요, 안됩니다.

借りる 빌리다　　お弁当 도시락　　たばこ 담배　　吸う 들이마시다, (담배를) 피우다

회화 마스터

🟡 **발목이 아파서 병원을 찾은 새리**

🎧 83〜85

医者　どうしましたか。

セリ　昨日から 右の 足首が 痛くて…。

医者　軽い ねんざですね。何か スポーツを して いますか。

セリ　サークルで テニスを して います。

医者　そうですか。処方せんを 出して おきます。
　　　隣の 薬局で 薬と 湿布を 買って ください。
　　　足首、気を つけて くださいね。

セリ　あの、今日は お風呂に 入っても いいですか。

医者　今日と 明日は 入っては いけませんが、シャワーは しても いいですよ。

セリ　分かりました。

医者　様子を 見ますから、一週間後に また 来て ください。

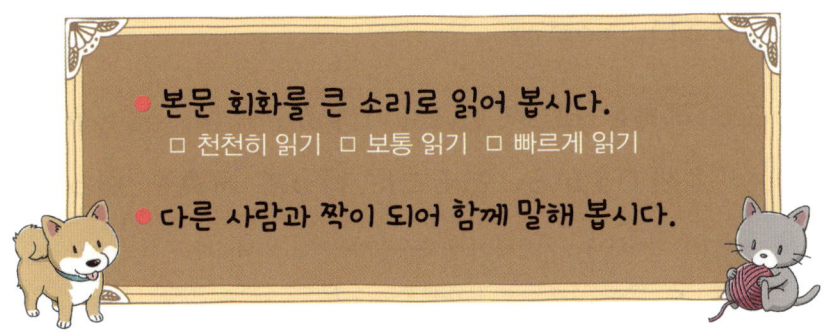

- 본문 회화를 큰 소리로 읽어 봅시다.
  □ 천천히 읽기　□ 보통 읽기　□ 빠르게 읽기
- 다른 사람과 짝이 되어 함께 말해 봅시다.

どうしましたか 어디가 불편하세요?　足首 발목　軽い 가볍다　ねんざ 염좌, 삠　スポーツ 스포츠, 운동
処方せん 처방전　薬局 약국　薬 약　湿布 찜질약　気を つける 조심하다, 주의하다　お風呂に 入る 목욕하다
様子 상태　一週間後 일주일 후

12 お風呂に 入っても いいですか | 145

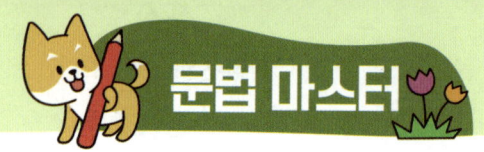

문법 마스터

1 ～ても/でも いい ～(해)도 좋다

「～ても/でも いい」는 '～(해)도 좋다'는 허가 또는 상대방의 의뢰를 허용할 때 사용하는 표현이다.

A 鉛筆で 書いても いいですか。 연필로 써도 됩니까?

B はい、いいですよ。 네, 됩니다.

A この ペン、少し 使っても いいですか。 이 펜 좀 사용해도 됩니까?

B はい、どうぞ。 네, 쓰세요.

2 ～ては/では いけない ～(해)서는 안 된다

「～ては/では いけない」는 상대방에게 어떤 행동을 하지 말라고 금지하는 표현이다. 허가 또는 허용을 나타내는 「～ても/でも いい」에 대한 부정의 대답으로 자주 사용되며, 간단히 「いけません」이라고만 말하기도 한다.

A 廊下を 走っては いけませんよ。 복도를 달리면 안 됩니다.

B ごめんなさい。 죄송합니다.

A あそこで 写真を 撮っても いいですか。 저기서 사진을 찍어도 될까요?

B いいえ、危険ですから、あそこに 行って 写真を 撮っては いけません。 아니요, 위험하니까 저기에 가서 사진을 찍어서는 안 됩니다.

鉛筆 연필　廊下 복도　危険だ 위험하다

3 ～て/で おく ～(해) 두다

동사 「置く(두다)」는 보조동사로 「～て형」에 접속하여 '～(해) 두다'라는 준비나 조치를 나타낸다. 보조동사로 사용될 때는 한자보다 히라가나로 표기한다.

A 木村さんにも 連絡して ください。 기무라 씨에게도 연락해 주세요.

B もう 電話を して おきました。 이미 전화를 해 두었습니다.

A 漢字の 読み方、難しいでしょう。 한자 읽는 법 어렵지요.

B はい、それで、携帯電話に 辞書の アプリを 入れて おきました。
네, 그래서 휴대전화에 사전 앱을 깔아 두었습니다.

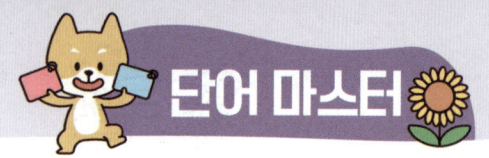

단어 마스터

🌕 다음과 같이 단어를 골라 알맞은 형태로 바꾸어 회화를 완성해 봅시다.

A この 宿舎では _____ ても いいですか。
이 기숙사에서는 _____(해)도 됩니까?

B はい、いいですよ。/ いいえ、いけません。 네, 됩니다. / 아니요, 안됩니다.

犬を 飼う

たばこを 吸う

お酒を 飲む

友人を 部屋に 呼ぶ

自由に ごみを 出す

夜遅く 帰って くる

石油ストーブを 使う

ギターを 弾く

犬 개　　飼う 키우다, 기르다　　友人 친구　　自由に 자유롭게　　石油 석유　　ストーブ 스토브, 난로　　ギター 기타
弾く 연주하다

🟡 밑줄 친 단어를 바꿔 말해 봅시다.

> 図書館では、飲み物を 飲んでは いけません。

① 病室 | 携帯電話を 使う
② テスト | 教科書を 見る
③ 授業 | 居眠りを する

🟡 다음을 읽고 질문에 맞게 답해 봅시다.

> 先生　来週は 期末テストですね。たくさん 勉強して おきましょう。
> 学生　先生、テストでは 辞書を 使っても いいですか。
> 先生　辞書を 使っては いけません。それから、教科書や ノートも、見ては いけません。
> 学生　分かりました。あの、文法が 難しいので、質問が たくさん あります。授業の 後に、先生の 研究室に 聞きに 行っても いいですか。
> 先生　はい、いいですよ。今日は 午後 4時まで 研究室に います。質問内容は 整理して おいて ください。

① テストでは、何を しては いけませんか。
_____

② 学生は 質問の 前に、何を して おきますか。
_____

病室 병실　居眠り 앉아서 좀　期末 기말　文法 문법　研究室 연구실　内容 내용　整理する 정리하다

12 お風呂に 入っても いいですか | 149

쓰기 마스터

🟡 예문의 형식을 사용해서 써 봅시다.

1

예문
飲み会の 前に、牛乳を 飲んで おきました。

형식
＿＿＿＿の 前に、＿＿＿＿ て/で おきました。

① 데이트＿＿＿＿＿＿＿＿＿＿の 前に、 레스토랑을 예약하다
＿＿＿＿＿＿＿＿＿＿＿＿て/で おきました。

② ＿＿＿＿＿＿＿＿＿＿＿＿の 前に、
＿＿＿＿＿＿＿＿＿＿＿＿て/で おきました。

2

예문
A クーラーを つけても いいですか。
B はい、どうぞ。

형식
A ＿＿＿ても/でも いいですか。
B はい、どうぞ

① A 오늘은 동아리를 쉬어도 될까요?＿＿＿＿＿＿＿。
　B はい、どうぞ。

② A ＿＿＿＿＿＿＿＿＿＿＿＿＿＿＿＿。
　B はい、どうぞ。

牛乳 우유

한자 마스터

🟡 한자를 따라 써 봅시다.

あしくび 足首	足首		
ようす 様子	様子		
かる 軽い	軽い		
しょほう 処方	処方		
やっきょく 薬局	薬局		
す 吸う	吸う		

일본 문화 즐기기

일본의 목욕문화

- 목욕을 일본어로 '오후로(お風呂)'라고 한다. 일본인들은 세계에서 가장 목욕을 좋아하는 '오후로 민족'이라 해도 과언이 아니다. 그것은 고온다습한 일본의 기후와 수많은 온천(温泉)이 존재하는 지리적 여건과도 관련이 있다. 일본인들에게 목욕은 빼놓을 수 없는 하루의 일과이자 하나의 여가문화로서 의미를 갖는다.

- 일본인들은 일상적으로 집에서 목욕을 하거나 공중목욕탕을 이용한다. 이 공중목욕탕을 '센토(銭湯)'라고 부르는데 이는 원래 동전 일전(一銭)을 내고 들어갔다는 데에서 붙여진 이름이다.

- 일본에서 목욕의 목적은 몸을 깨끗하게 씻는 것뿐만 아니라 욕조에 몸을 담그어 심신의 피로를 풀거나 몸을 따뜻하게 덥혀주는 데에 있다. 그러므로 일반가정 내 욕실의 욕조는 보통 폭이 좁고 높이가 높게 만들어져, 앉으면 어깨까지 물에 잠기도록 되어 있다. 미리 욕조에 뜨거운 물을 가득 받아놓고 가족들이 차례로 목욕을 하면서 쓴 만큼 계속 물을 채워놓는다. 목욕 순서는 일반적으로 가장이나 연장자, 아이들, 아내의 순이며, 손님이 왔을 때는 손님부터 먼저 들어가도록 권한다.

- 만일 일본의 가정집에서 목욕을 하게 될 경우 다음과 같은 주의가 필요하다. 욕조의 물은 여럿이 같이 쓰기 때문에 되도록 깨끗이 사용해야 한다. 욕조에 들어가기 전에 가볍게 몸을 씻고, 욕조에 몸을 담근 다음 욕조 밖에 나와 몸을 깨끗이 씻는다. 그리고 마지막으로 다시 욕조에 들어가 몸을 따뜻하게 한다. 욕조 안에서 몸을 씻거나 목욕이 끝난 뒤 욕조의 물을 빼는 행위는 절대 금물이다.

 # 부록

- 스크립트 및 모범 답안
- 문법 찾아보기
- 단어 찾아보기

스크립트 및 모범 답안

1 どこに ありますか

회화 워밍업

> F 실례합니다. 레스토랑은 어디에 있습니까?
> M 6층에 있습니다.

1 ① A トイレは どこに ありますか。
   화장실은 어디에 있습니까?
   B 2階に あります。 2층에 있습니다.
② A コンピューター室は どこに ありますか。
   컴퓨터실은 어디에 있습니까?
   B 3階に あります。 3층에 있습니다.
③ A 事務室は どこに ありますか。
   사무실은 어디에 있습니까?
   B 1階に あります。 1층에 있습니다.

2 ① A セリさんは どこに いますか。
   새리 씨는 어디에 있습니까?
   B テニスコートに います。
   테니스코트에 있습니다.
② A ブラウンさんは どこに いますか。
   브라운 씨는 어디에 있습니까?
   B 食堂に います。
   식당에 있습니다.
③ A 田中先生は どこに いますか。
   다나카 선생님은 어디에 있습니까?
   B 教室に います。 교실에 있습니다.

단어 마스터

A ねこは どこに いますか。
B いすの 上に います。
  いすの 下に います。
  いすの 右に います。
  いすの 左に います。
  箱の 中に います。
  箱の 外に います。
  箱の 前に います。
  箱の 後ろに います。

말하기 & 읽기 마스터

> 지금, 카페에 학생이 두 명 있습니다.

① 今、教室に 先生が 一人 います。
② 今、会議室に 会社員が 四人 います。
③ 今、レストランに お客さんが 七人 います。

> 역 앞에는 커다란 백화점이 있습니다. 백화점의 11층과 12층에는 레스토랑이 있습니다. 9층에는 넓은 테라스가 있습니다. 화장품은 지하 1층에 있습니다. 시계는 2층입니다. 백화점 안에는 유명한 카페도 있습니다. 또, 백화점 옆에는 은행이 있습니다.

① 広い テラスが あります。
② 地下 1階に あります。
③ 銀行が あります。

쓰기 마스터

1 ① コーヒーの 前に あります。
  ② ペンが あります。

2 ① ソファーの 上に います。

2 授業を 始めます

회화 워밍업

> M 오늘은 프린트를 사용하나요?
> F 네, 사용합니다.

1 ① A 教科書、ありますか。 교과서 있습니까?
   B はい、あります。 네, 있습니다.

② A 教科書、明日、使いますか。
　　교과서 내일 사용합니까?
　B はい、使います。 네, 사용합니다.
③ A 明日、勉強しますか。 내일 공부합니까?
　B はい、勉強します。 네, 공부합니다.

2 ① A 教科書、ありますか。 교과서 있나요?
　B いいえ、ありません。 아니요, 없습니다.
② A 教科書、明日、使いますか。
　　교과서 내일 사용합니까?
　B いいえ、使いません。
　　아니요, 사용하지 않습니다.
③ A 明日、勉強しますか。 내일 공부합니까?
　B いいえ、勉強しません。
　　아니요, 공부하지 않습니다.

단어 마스터

A いつ 起きますか。
B 6時に 起きます。

A いつ 寝ますか。
B 11時に 寝ます。

A いつ 行きますか。
B 8時に 行きます。

A いつ 来ますか。
B 4時に 来ます。

A いつ 始まりますか。
B 9時に 始まります。

A いつ 終わりますか。
B 5時に 終わります。

A いつ 出発しますか。
B 1時に 出発します。

A いつ 到着しますか。
B 7時に 到着します。

말하기 & 읽기 마스터

나는 11시에는 자지 않습니다. 늘 1시에 잡니다.

① 私は 6時には 起きません。いつも 8時に 起きます。
② 彼は 9時には 来ません。いつも 10時に 来ます。
③ 授業は 2時には 終わりません。いつも 4時に 終わります。

나는 언제나 아침 8시에 일어납니다. 대학교까지 자전거로 15분입니다. 수업은 9시 반에 시작합니다. 오전 수업은 12시에 끝납니다. 월요일은 식당에서 점심을 먹습니다. 하지만, 화요일은 12시부터 수업이 있어서 식당에서는 먹지 않습니다. 교실에서 주먹밥을 먹습니다.

① いいえ、いつも 8時に 起きます。
② 9時半に 始まります。
③ 教室で おにぎりを 食べます。

쓰기 마스터

1 ① 午後7時に 始まります。
　② 午後8時 30分(8時半)に 終わります。

2 ① 午後 3時 37分に 出発します。
　② いいえ、9番線に 来ます。

3 一緒に 行きませんか

회화 워밍업

F 함께 카페에 가지 않겠습니까?
M 좋아요. 갑시다.

스크립트 및 모범 답안

1 ① A 図書館で 勉強しませんか。
도서관에서 공부하지 않겠습니까?
B いいですね。좋아요.

② A ジムで 運動しませんか。
피트니스 센터에서 운동하지 않겠습니까?
B いいですね。좋아요.

③ A デパートで 買い物しませんか。
백화점에서 쇼핑하지 않겠습니까?
B いいですね。좋아요.

2 ① A いつ ご飯を 食べますか。
언제 밥을 먹습니까?
B 授業の 後に 食べます。 수업 후에 먹습니다.

② A いつ コーヒーを 飲みますか。
언제 커피를 마십니까?
B 食事の 後に 飲みます。 식사 후에 마십니다.

③ A いつ シャワーを しますか。
언제 샤워를 합니까?
B 運動の 後に します。 운동 후에 합니다.

단어 마스터

A 一緒に カラオケで 歌いませんか。
B いいですね。(カラオケで) 歌いましょう。

A 一緒に ダンスを 踊りませんか。
B いいですね。(ダンスを) 踊りましょう。

A 一緒に 映画を 見ませんか。
B いいですね。(映画を) 見ましょう。

A 一緒に ボートに 乗りませんか。
B いいですね。(ボートに) 乗りましょう。

A 一緒に 買い物に 行きませんか。
B いいですね。(買い物に) 行きましょう。

A 一緒に 日本を 旅行しませんか。
B いいですね。(日本を) 旅行しましょう。

A 一緒に 公園を 散歩しませんか。
B いいですね。(公園を) 散歩しましょう。

A 一緒に 写真を 撮りませんか。
B いいですね。(写真を) 撮りましょう。

말하기 & 읽기 마스터

A 함께 테니스를 하지 않겠습니까?
B 좋아요. 합시다.

① A 一緒に お酒を 飲みませんか。
B いいですね、飲みましょう。

② A 一緒に 写真を 撮りませんか。
B いいですね、撮りましょう。

③ A 一緒に 日本の 歌を 歌いませんか。
B いいですね、歌いましょう。

박 다나카 씨, 이번 주 토요일 시간이 있나요? 함께 역앞의 레스토랑에 가지 않을래요?
다나카 좋아요, 함께 갑시다. 그 레스토랑은 케이크도 유명하지요.
박 그럼, 식사 후에 케이크도 먹어요.
다나카 그래요. 아, 박 씨, 레스토랑 옆에는 영화관이 있어요. 식사 전에 영화도 보지 않을래요?
박 좋아요. 그렇게 해요!

① 今週の 土曜日に 行きます。
② ケーキを 食べます。
③ 映画を 見ます。

쓰기 마스터

A Bさん、来週の 火曜日、一緒に 映画を 見ませんか。
B いいですね、映画を 見ましょう。
B' すみません、火曜日は 用事が あります。水曜日は どうですか。

① A 木曜日、一緒に カラオケに 行きませんか。
　 B いいですね、(カラオケに) 行きましょう。
　 B'すみません、木曜日は 用事が あります。

② A 月曜日、一緒に 図書館で 勉強しませんか。
　 B いいですね、(図書館で) 勉強しましょう。
　 B'すみません、月曜日は 用事が あります。

4 どこへも 行きませんでした

회화 워밍업

M 어제는 무엇을 했습니까?
F 도서관에서 공부했습니다.

1　① A 日曜日は 何を しましたか。
　　　　일요일에는 무엇을 했습니까?
　　 B 友だちと 散歩を しました。
　　　　친구와 산책을 했습니다.

　　② A 日曜日は 何を しましたか。
　　　　일요일에는 무엇을 했습니까?
　　 B 友だちと カラオケに 行きました。
　　　　친구와 노래방에 갔습니다.

　　③ A 日曜日は 何を しましたか。
　　　　일요일에는 무엇을 했습니까?
　　 B 友だちと 映画を 見ました。
　　　　친구와 영화를 봤습니다.

2　① A 何か 買いましたか。 뭔가 샀습니까?
　　 B いいえ、何も 買いませんでした。
　　　　아니요, 아무 것도 사지 않았습니다.

　　② A 何か 見ましたか。 뭔가 봤습니까?
　　 B いいえ、何も 見ませんでした。
　　　　아니요, 아무 것도 보지 않았습니다.

　　③ A 何か しましたか。 뭔가 했습니까?
　　 B いいえ、何も しませんでした。
　　　　아니요, 아무 것도 하지 않았습니다.

단어 마스터

A 週末は どうでしたか。
B 試験が ありましたから たくさん 勉強しました。
B'試験が ありましたから どこへも 行きませんでした。

A 週末は どうでしたか。
B アルバイトが ありましたから 朝から お店に いました。
B'アルバイトが ありましたから 余裕が ありませんでした。

A 週末は どうでしたか。
B 試合が ありましたから 朝 6時に 起きました。
B'試合が ありましたから テストの 勉強は あまり しませんでした。

A 週末は どうでしたか。
B 飲み会が ありましたから 友だちと たくさん お酒を 飲みました。
B'飲み会が ありましたから 朝まで 家に 帰りませんでした。

말하기&읽기 마스터

A 가방 안에 무언가 있었습니까?
B 아니요. 아무 것도 없었습니다.

① A 朝ご飯に 何か 食べましたか。
　 B いいえ、何も 食べませんでした。

② A プレゼントに 何か 買いましたか。
　 B いいえ、何も 買いませんでした。

③ A 土曜日に どこか 行きましたか。
　 B いいえ、どこへも 行きませんでした。

스크립트 및 모범 답안

지난주 화요일 오후는 예정이 없었습니다. 하지만, 폭우여서 아무 데도 가지 않았습니다. 수요일 밤에는 친구와 술을 많이 마셨습니다. 금요일에 일본어 시험이 있었기 때문에 목요일 오후에는 단어 공부를 많이 했습니다. 시험은 9시부터였습니다. 하지만 8시에 일어났습니다. 그래서 금요일 아침에는 시간이 없어서 아무 것도 먹지 않았습니다.

① いいえ、どこへも 行きませんでした。
② 日本語の 単語の 勉強を たくさん しました。
③ いいえ、時間が なくて 何も 食べませんでした。

쓰기 마스터

月曜日は 予定が ありましたが、元気が なくて、どこへも 行きませんでした。

水曜日は 夜に 飲み会が ありましたが、元気が なくて、あまり お酒を 飲みませんでした。

木曜日は 朝から 授業が ありましたが、元気が なくて、朝ご飯は 何も 食べませんでした。

5 友だちと 映画を 見に 行きます

회화 워밍업

M 어디에 가고 싶습니까?
F 일본 교토에 가고 싶습니다.

1 ① A 何が 飲みたいですか。
　　　　무엇을 마시고 싶습니까?
　　　B 冷たい ジュースが 飲みたいです。
　　　　차가운 주스를 마시고 싶습니다.
　② A 何が 食べたいですか。
　　　　무엇을 먹고 싶습니까?
　　　B おいしい ステーキが 食べたいです。
　　　　맛있는 스테이크를 먹고 싶습니다.
　③ A 何が したいですか。
　　　　무엇을 하고 싶습니까?
　　　B おもしろい 映画が 見たいです。
　　　　재미있는 영화를 보고 싶습니다.

2 ① A 明日の 予定は 何ですか。
　　　　내일 예정은 무엇입니까?
　　　B 明日は 友だちと 飲みに 行きます。
　　　　내일은 친구와 (술을) 마시러 갑니다.
　② A 明日の 予定は 何ですか。
　　　　내일 예정은 무엇입니까?
　　　B 明日は 新宿に ケビンさんに 会いに 行きます。 내일은 신주쿠에 케빈 씨를 만나러 갑니다.
　③ A 明日の 予定は 何ですか。
　　　　내일 예정은 무엇입니까?
　　　B 明日は ソウル駅に 母を 迎えに 行きます。 내일은 서울역에 엄마를 마중하러 갑니다.

단어 마스터

A 将来の 夢は 何ですか。
B 私は 将来、有名な 人に なりたいです。
　私は 将来、店の オーナに なりたいです。
　私は 将来、ハンサムな 人と 結婚したいです。
　私は 将来、大きな 家に 住みたいです。
　私は 将来、宇宙に 行きたいです。
　私は 将来、船で 世界を 一周したいです。
　私は 将来、海外で 働きたいです。
　私は 将来、本を 出したいです。

말하기 & 읽기 마스터

나는 지금 라면이 먹고 싶습니다.
함께 라면을 먹으러 가지 않겠습니까?

① 私は 今、ビールが 飲みたいです。
　一緒に ビールを 飲みに 行きませんか。

② 私は 今、テニスが したいです。
一緒に テニスを しに 行きませんか。
③ 私は 今、映画が 見たいです。
一緒に 映画を 見に 行きませんか。

> 케빈 해리 씨, 다음 달 생일에 무엇을 갖고 싶습니까?
> 해리 글쎄요, 가방을 갖고 싶습니다. 액세서리는 그다지 갖고 싶지 않습니다.
> 케빈 그래요? 생일에는 무엇을 먹고 싶습니까?
> 해리 불고기도 좋지만, 가능하면 일본요리를 먹고 싶어요.
> 케빈 그럼 그렇게 합시다. 식후에 케이크도 먹고 싶나요?
> 해리 단것은 별로 좋아하지 않아서 그다지 먹고 싶지 않습니다.

① いいえ、あまり ほしく ありません。
② 日本料理を 食べに 行きます。
③ いいえ、甘い ものは 苦手ですから、ケーキは あまり 食べたく ありません。

쓰기 마스터

1 誕生日の プレゼントは 日本語の 本が ほしいです。誕生日には 海が 見たいです。そして、海の 近くで 食事が したいです。でも、辛い 料理は 食べたく ありません。

6 何か プレゼントを あげましたか

회화 워밍업

> M 생일에 무엇을 주었습니까?
> F 셔츠와 넥타이를 주었습니다.

1 ① A 母の日に 何を あげますか。
어머니날에 무엇을 드립니까?
B アクセサリーを あげます。
액세서리를 드립니다.
② A 母の日に 何を あげますか。
어머니날에 무엇을 드립니까?
B 高い 化粧品を あげます。
비싼 화장품을 드립니다.
③ A 母の日に 何をあげますか。
어머니날에 무엇을 드립니까?
B 花束と 手紙を あげます。
꽃다발과 편지를 드립니다.

2 ① A 誕生日の プレゼントに 何を もらいましたか。생일 선물로 무엇을 받았습니까?
B 香水を もらいました。향수를 받았습니다.
② A 誕生日の プレゼントに 何を もらいましたか。생일 선물로 무엇을 받았습니까?
B 赤い 財布を もらいました。
빨간 지갑을 받았습니다.
③ A 誕生日の プレゼントに 何を もらいましたか。생일 선물로 무엇을 받았습니까?
B くまのぬいぐるみを もらいました。
곰인형을 받았습니다.

단어 마스터

A これ、すてきですね。
B 誕生日の プレゼントで、父から もらいました。
誕生日の プレゼントで、母が くれました。
誕生日の プレゼントで、兄から もらいました。
誕生日の プレゼントで、姉が くれました。
誕生日の プレゼントで、弟から もらいました。
誕生日の プレゼントで、妹が くれました。
誕生日の プレゼントで、彼女から もらいました。
誕生日の プレゼントで、友だちが くれました。

말하기&읽기 마스터

엄마 → 화장품 → 나
엄마는 (나에게) 화장품을 주었습니다.
(나는) 엄마에게 화장품을 받았습니다.

① 彼女は (私に) 手紙と セーターを くれました。
(私は) 彼女に/から 手紙と セーターを もらいました。
② 弟は (私に) 映画の チケットを くれました。
(私は) 弟に/から 映画の チケットを もらいました。
③ 山田さんは (私に) 日本の 本を くれました。
(私は) 山田さんに/から 日本の 本を もらいました。

나나 씨가 밸런타인데이 날, 초콜릿을 주었습니다. 또, 나나 씨는 김 씨에게 초콜릿케이크와 카드를 주었습니다. 그래서 김 씨는 화이트데이 때, 나나 씨에게 커다란 꽃다발을 주었습니다. 그리고 프로포즈도 했습니다.

---

① (私が) ナナさんから チョコレートを もらいました。
② 金さんに あげました。
③ 大きな 花束を もらいました。

쓰기 마스터

① (私は) 田中さんに かばんを あげました。
② 金さんは (私に) 化粧品を くれました。
(私は) 金さんに/から 化粧品を もらいました。
③ 木村さんは 田中さんに チケットを あげました。
田中さんは 木村さんに/から チケットを もらいました。
④ (私は) 朴さんに ケーキを あげました。

7 はがきの 書き方を 教えて ください

회화 워밍업

M 여기에 이름을 써 주세요.
F 네, 알겠습니다.

1 ① A 小さい 字で 書いて ください。
작은 글자로 써 주세요.
B はい、分かりました。 네, 알겠습니다.

② A きれいな 字で 書いて ください。
예쁜 글자로 써 주세요.
B はい、分かりました。 네, 알겠습니다.

③ A 少し 大きい 字で 書いて ください。
조금 큰 글자로 써 주세요.
B はい、分かりました。 네, 알겠습니다.

2 ① A すみません。もう 一度 説明して ください。 죄송합니다. 한번 더 설명해 주세요.
B はい。まず、ここに 電話番号を 書いて ください。
네, 우선 여기에 전화번호를 써 주세요.

② A すみません。もう 一度 説明して ください。 죄송합니다. 한번 더 설명해 주세요.
B はい。まず、あそこで パンフレットを もらって ください。
네, 우선 저기에서 팸플릿을 받아 주세요.

③ A すみません。もう 一度 説明して ください。 죄송합니다. 한번 더 설명해 주세요.
B はい。まず、これを 受付に 出して ください。 네, 우선 이것을 접수에 제출해 주세요.

단어 마스터

A 渡辺さん、納豆の 食べ方を 教えて ください。
B はい、いいですよ。

A 渡辺さん、電話の かけ方を 教えて ください。
B はい、いいですよ。

A 渡辺さん、お好み焼きの 作り方を 教えて ください。
B はい、いいですよ。

A 渡辺さん、写真の 撮り方を 教えて ください。
B はい、いいですよ。

A 渡辺さん、アプリの 使い方を 教えて ください。
B はい、いいですよ。

A 渡辺さん、Eメールの 送り方を 教えて ください。
B はい、いいですよ。

A 渡辺さん、救急車の 呼び方を 教えて ください。
B はい、いいですよ。

A 渡辺さん、電車の 乗り換え方を 教えて ください。
B はい、いいですよ。

말하기 & 읽기 마스터

메일 보내는 법을 가르쳐 주세요.

① キムチの 作り方を 見せて ください。
② 電車の 乗り換え方を ここに 書いて ください。
③ アプリの 使い方を お店の 人に 聞いて ください。

이 카페 가는 법 아나요? 조금 어려워요. 우선 역을 나와서 은행까지 가세요. 거기서 왼쪽으로 꺾어, 큰 피트니스 센터 앞까지 가서 위를 보세요. 빨간 간판의 가게가 있습니다. 그 가게는 레스토랑입니다. 카페는 그 위층에 있습니다.

① 銀行で 曲がります。
② 赤い 看板の レストランが あります。
③ いいえ、少し 難しいです。

쓰기 마스터

1 A すみません、公園は どちらですか。
B ここから まっすぐ 進んで、本屋で 右に 曲がって ください。道の 左側に ありますよ。
A ありがとうございます。

8 今 何を して いますか

회화 워밍업

M 지금 무엇을 하고 있습니까?
F 차를 마시고 있습니다.

1 ① A 今 何を して いますか。
    지금 무엇을 하고 있습니까?
    B 日本語の レポートを 書いて います。
    일본어 리포트를 쓰고 있습니다.
  ② A 今 何を して いますか。
    지금 무엇을 하고 있습니까?
    B 海外の ドラマを 見て います。
    해외 드라마를 보고 있습니다.
  ③ A 今 何を して いますか。
    지금 무엇을 하고 있습니까?
    B 試験の 勉強を して います。
    시험 공부를 하고 있습니다.

스크립트 및 모범 답안

2 ① A 何か 書いて いますか。
　　　뭔가 쓰고 있습니까?
　　B いいえ、何も 書いて いません。
　　　아니요, 아무것도 쓰고 있지 않습니다.
　② A 何か 見て いますか。 뭔가 보고 있습니까?
　　B いいえ、何も 見て いません。
　　　아니요, 아무것도 보고 있지 않습니다.
　③ A 何か 勉強して いますか。
　　　뭔가 공부하고 있습니까?
　　B いいえ、何も 勉強して いません。
　　　아니요, 아무것도 공부하고 있지 않습니다.

단어 마스터

A もう 集まりましたか。
B いいえ、まだ 集まって いません。

A もう 帰りましたか。
B いいえ、まだ 帰って いません。

A もう 買いましたか。
B いいえ、まだ 買って いません。

A もう 捨てましたか。
B いいえ、まだ 捨てて いません。

A もう 払いましたか。
B いいえ、まだ 払って いません。

A もう 振り込みましたか。
B いいえ、まだ 振り込んで いません。

A もう 掃除しましたか。
B いいえ、まだ 掃除して いません。

A もう 洗濯しましたか。
B いいえ、まだ 洗濯して いません。

말하기 & 읽기 마스터

A 지금, 텔레비전을 보고 있습니까?
B 아니요, 보고 있지 않습니다.

---

① A 今、日記を 書いて いますか。
　B いいえ、書いて いません。
② A 今、本を 読んで いますか。
　B いいえ、読んで いません。
③ A 今、友だちを 待って いますか。
　B いいえ、待って いません。

박　　　여보세요. 다나카 씨, 점심, 벌써 먹었나요?
다나카　아니요, 점심에 거래처에서 회의가 있어서 아직 먹지 않았습니다.
박　　　그래요? 지금 어디에요?
다나카　지금 역이에요. 10분 이상 전철을 기다리고 있어요.
박　　　나는 지금 자동차를 운전하고 있어요. 역 근처에 있어요. 차로 같이 회사에 돌아가지 않겠습니까?
다나카　괜찮아요? 고마워요.

① いいえ、まだ 食べて いません。
② 10分 以上 電車を 待って います。

쓰기 마스터

1 ① 公園を 走って います。
　② 公園で おにぎりを 食べて います。

2 ① はい、もう ゴミを 捨てました。
　② いいえ、まだ お金を 振り込んで いません。

9 窓が 閉まって いますね

회화 워밍업

M 오늘도 비네요.
F 장마여서 비가 자주 내리네요.

1 ① A 今日は 人が 多いですね。
　　　오늘은 사람이 많네요.
　　B はい。日曜日なので 人が 多いです。
　　　네, 일요일이라서 사람이 많습니다.
　② A 今日は 人が 多いですね。
　　　오늘은 사람이 많네요.
　　B はい。夏祭りなので 人が 多いです。
　　　네, 여름축제라서 사람이 많습니다.
　③ A 今日は 人が 多いですね。
　　　오늘은 사람이 많네요.
　　B はい。花見の 季節なので 人が 多いです。 네, 벚꽃놀이 철이라서 사람이 많습니다.

2 ① A 窓が 閉まって いますね。
　　　창문이 닫혀 있네요.
　　B 寒かったので、私が 閉めました。
　　　추워서 제가 닫았습니다.
　② A 窓が 閉まって いますね。
　　　창문이 닫혀 있네요.
　　B 雨が 強かったので、私が 閉めました。
　　　비가 강해서 제가 닫았습니다.
　③ A 窓が 閉まって いますね。
　　　창문이 닫혀 있네요.
　　B 騒音が 大きかったので、私が 閉めました。 소음이 커서 제가 닫았습니다.

단어 마스터

A 火は 消えて いますか。
B はい、火は もう 消して あります。

A かぎは かかって いますか。
B はい、かぎは もう かけて あります。

A 書類は 入って いますか。
B はい、書類は もう 入れて あります。

A 書類は 出て いますか。
B はい、書類は もう 出して あります。

말하기 & 읽기 마스터

비가 와서 버스를 탑니다.

① 日曜日なので、洗濯と 掃除を します。
② テストなので、朝から 図書館に 行きます。
③ 金さんの 誕生日なので、ケーキを 買いに 行きます。

오늘은 날씨가 좋아서 세탁을 하고 방 청소도 했습니다. 늘 창문은 닫아 두었지만 청소할 때는 환기를 위해서 열었습니다. 그 뒤, 엄마를 마중하러 갔습니다. 오후 2시 40분에 역에 도착했습니다. 약속 시간은 오후 3시였지만 엄마는 이미 도착해 있었습니다. 조금 더워서 카페에서 차가운 주스를 마셨습니다. 에어컨이 켜져 있어서 시원했습니다.

① いいえ、いつも 閉めて あります。
② はい、お母さんは もう 到着して いました。
③ クーラーが ついて いましたから、涼しかったです。

쓰기 마스터

1 ① キャンドルの 火は 消えて います。/ ついて いません。
　② 窓は 閉まって います。/ 開いて いません。
　③ 電気は ついて います。/ 消えて いません。

10 じゃあ、教えて あげます！

회화 워밍업

F　내일 데이트인가요?
M　네. 맛있는 가게를 가르쳐 주지 않겠습니까?

스크립트 및 모범 답안

1 ① A すみません。もう 一度 教えて くれませんか。
　　　죄송합니다. 한번 더 가르쳐 주지 않겠습니까?
　　B いいですよ。좋아요.
　② A すみません。もう 一度 説明して くれませんか。
　　　죄송합니다. 한번 더 설명해 주지 않겠습니까?
　　B いいですよ。좋아요.
　③ A すみません。もう 一度 書いて くれませんか。
　　　죄송합니다. 한번 더 써 주지 않겠습니까?
　　B いいですよ。좋아요.

2 ① A 金さんは、まだですか。
　　　김 씨는 아직입니까?
　　B はい。もう 一度 電話して みます。
　　　네, 한번 더 전화해 보겠습니다.
　② A 金さんは、まだですか。
　　　김 씨는 아직입니까?
　　B はい。もう 少し 待って みます。
　　　네, 조금 더 기다려 보겠습니다.
　③ A 金さんは、まだですか。
　　　김 씨는 아직입니까?
　　B はい。金さんの クラスに 行って みます。네, 김 씨의 강의실에 가 보겠습니다.

단어 마스터

A すみません。ちょっと ペンを 貸して くれませんか。
B いいですよ。

A すみません。ちょっと 荷物を 持って くれませんか。
B いいですよ。

A すみません。ちょっと 駅まで 送って くれませんか。
B いいですよ。

A すみません。ちょっと 宿題を 手伝って くれませんか。
B いいですよ。

A すみません。ちょっと 本を 見せて くれませんか。
B いいですよ。

A すみません。ちょっと コーヒーを 買って きて くれませんか。
B いいですよ。

A すみません。ちょっと 代わりに 申し込んで くれませんか。
B いいですよ。

A すみません。ちょっと かばんを 見て いて くれませんか。
B いいですよ。

말하기&읽기 마스터

새리 → 테니스를 가르치다 → 나
새리 씨가 테니스를 가르쳐 주었습니다.
새리 씨에게 테니스를 가르쳐 받았습니다.

① 王さんが 宿題を 手伝って くれました。
　 王さんに 宿題を 手伝って もらいました。
② ケビンさんが 代わりに 申し込んで くれました。
　 ケビンさんに 代わりに 申し込んで もらいました。
③ 渡辺さんが 駅まで 送って くれました。
　 渡辺さんに 駅まで 送って もらいました。

와타나베	이달 말에 취업설명회가 있네요.
사토	네? 몰랐어요. 그 자료, 나에게도 보내 줄래요?
와타나베	좋아요. 신청 방법이 조금 어려우니까 수업 후에 하는 법을 가르쳐 줄게요.
사토	고마워요. 설명회 때 옷은 어떻게 할 거예요?
와타나베	아, 저도 모르겠어요. 내일 다나카 씨에게 물어 볼게요.

① 渡辺さんに 資料を 送って もらいます。
② 申し込みの 方法を 教えて あげます。

쓰기 마스터

1 ① (私が) おばあさんに 荷物を 持って あげました。
② 木村さんが 朴さんに 日本語を 教えて あげました。
朴さんは 木村さんに 日本語を 教えて もらいました。
③ 姉が (私に) 辞書を 買って くれました。
(私は) 姉に 辞書を 買って もらいました。
④ 李さんが 田中さんに やり方を 見せて あげました。
田中さんは 李さんに やり方を 見せて もらいました。

11 テニスを した ことが ありますか

회화 워밍업

M	테니스를 한 적이 있습니까?
F	아니요, 없습니다.

1 ① A 京都に 行った ことが ありますか。
교토에 간 적이 있습니까?
B はい、あります。/ いいえ、ありません。
네, 있습니다. / 아니요, 없습니다.
② A 相撲を 見た ことが ありますか。
스모를 본 적이 있습니까?
B はい、あります。/ いいえ、ありません。
네, 있습니다. / 아니요, 없습니다.
③ A お好み焼きを 食べた ことが ありますか。 오코노미야키를 먹은 적이 있습니까?
B はい、あります。/ いいえ、ありません。
네, 있습니다. / 아니요, 없습니다.

2 ① A 日曜日は、何を しますか。
일요일에는 무엇을 합니까?
B 洗濯を したり 掃除を したり します。
세탁을 하거나 청소를 하거나 합니다.
② A 日曜日は、何を しますか。
일요일에는 무엇을 합니까?
B 本を 読んだり 映画を 見たり します。
책을 읽거나 영화를 보거나 합니다.
③ A 日曜日は、何を しますか。
일요일에는 무엇을 합니까?
B テニスを したり 山に 登ったり します。 테니스를 하거나 산에 오르거나 합니다.

단어 마스터

A 着物を 着た ことが ありますか。
B いいえ、着物を 着た ことは ありません。今回が 初めてです。

A 下駄を はいた ことが ありますか。
B いいえ、下駄を はいた ことは ありません。今回が 初めてです。

A 和菓子を 作った ことが ありますか。
B いいえ、和菓子を 作った ことは ありません。今回が 初めてです。

A 相撲を 見た ことが ありますか。
B いいえ、相撲を 見た ことは ありません。今回が 初めてです。

A 茶道を 習った ことが ありますか。
B いいえ、茶道を 習った ことは ありません。今回が 初めてです。

A 旅館に 泊まった ことが ありますか。
B いいえ、旅館に 泊まった ことは ありません。今回が 初めてです。

A 盆踊りを 踊った ことが ありますか。
B いいえ、盆踊りを 踊った ことは ありません。今回が 初めてです。

A お祭りに 参加した ことが ありますか。
B いいえ、お祭りに 参加した ことは ありません。今回が 初めてです。

① お寿司を 食べたり お祭りに 参加したり したいです。
② 京都で 和菓子を 作った ことが あります。

쓰기 마스터

1 ① 週末は よく、おにぎりを 作って 公園に 行ったり、友だちを 呼んで パーティーを したり します。

2 ① 私は まだ 海で 泳いだ ことが ありませんから、海で 泳いで みたいです。

말하기 & 읽기 마스터

집에서 텔레비전을 보거나 음악을 듣거나 했습니다.

① 日本語の テストで、カタカナを 書いたり、漢字を 読んだり しました。
② お祭りで、盆踊りを 踊ったり、金魚すくいを したり しました。
③ 広島で、お好み焼きを 食べたり、有名な 神社に 行ったり しました。

박 왕 씨는 일본에 간 적이 있습니까?
왕 아뇨, 한번도 없습니다. 하지만 이번 여름방학에 처음으로 일본에 갑니다.
박 그거 잘됐네요. 일본에서는 무엇을 하고 싶습니까?
왕 초밥을 먹거나 축제에 참가하거나 하고 싶습니다.
박 재밌겠네요. 저는 교토에 간 적이 있습니다. 교토에서는 기모노를 입거나 화과자를 만들거나 했습니다.

12 お風呂に 入っても いいですか

회화 워밍업

M 사전을 봐도 되나요?
F 아니요. 안됩니다.

1 ① A これ、少し 使っても いいですか。
　　이거 좀 사용해도 되나요?
　B はい、いいです。네. 됩니다.
② A これ、少し もらっても いいですか。
　　이거 좀 받아도 되나요?
　B はい、いいです。네. 됩니다.
③ A これ、少し 借りても いいですか。
　　이거 좀 빌려도 되나요?
　B はい、いいです。네. 됩니다.

2 ① A ここで お弁当を 食べても いいですか。여기서 도시락을 먹어도 되나요?
　B いいえ、いけません。아니요. 안됩니다.

② A ここで 写真を 撮っても いいですか。
여기서 사진을 찍어도 되나요?

B いいえ、いけません。 아뇨. 안됩니다.

③ A ここで たばこを 吸っても いいですか。
여기서 담배를 피워도 되나요?

B いいえ、いけません。 아뇨. 안됩니다.

단어 마스터

A この 宿舎では 犬を 飼っても いいですか。
B はい、いいですよ。/ いいえ、いけません。

A この 宿舎では たばこを 吸っても いいですか。
B はい、いいですよ。/ いいえ、いけません。

A この 宿舎では お酒を 飲んでも いいですか。
B はい、いいですよ。/ いいえ、いけません。

A この 宿舎では 友人を 部屋に 呼んでも いいですか。
B はい、いいですよ。/ いいえ、いけません。

A この 宿舎では 自由に ごみを 出しても いいですか。
B はい、いいですよ。/ いいえ、いけません。

A この 宿舎では 夜 遅く 帰って きても いいですか。
B はい、いいですよ。/ いいえ、いけません。

A この 宿舎では 石油ストーブを 使っても いいですか。
B はい、いいですよ。/ いいえ、いけません。

A この 宿舎では ギターを 弾いても いいですか。
B はい、いいですよ。/ いいえ、いけません。

말하기 & 읽기 마스터

도서관에서는 음료수를 마시면 안됩니다.

① 病室では、携帯電話を 使っては いけません。
② テストでは、教科書を 見ては いけません。
③ 授業では、居眠りを しては いけません。

선생님 다음 주는 기말시험이네요. 많이 공부해 둡시다.
학생 선생님, 시험에서는 사전을 사용해도 되나요?
선생님 사전을 사용해서는 안됩니다. 그리고, 교과서나 노트도 보면 안됩니다.
학생 알겠습니다. 저, 문법이 어려워서 질문이 많이 있습니다. 수업 후에 선생님 연구실에 여쭤보러 가도 되나요?
선생님 네, 좋아요. 오늘은 오후 4시까지 연구실에 있어요. 질문 내용은 정리해 두세요.

① 辞書や 教科書、ノートを 見ては いけません。
② 質問内容を 整理して おきます。

쓰기 마스터

1 ① デートの 前に、レストランを 予約して おきました。

2 ① A 今日は サークルを 休んでも いいですか。
　　 B はい、どうぞ。

문법 찾아보기

본문에 나오는 문법을 JLPT(일본어능력시험) 급수와 함께 あいうえお 순으로 정리하였습니다.

あ

あげる	[N5]	주다	6과
あちら	[N5]	저쪽	4과
~あります	[N5]	있습니다	1과
~います	[N5]	있습니다	1과

か

~が	[N5]	~(인/하는)데, ~(이/하)기는 한데	9과
~階	[N5]	~층	1과
~方	[N4]	~(하)는 방법	7과
~が ほしい	[N5]	~을/를 갖고 싶다	5과
~から	[N5]	~에게서/~로부터	6과
くれる	[N4]	주다	6과
こちら	[N5]	이쪽	4과

さ

そちら	[N5]	그쪽	4과

た

~た/だ	[N5]	~(했)다(동사의 과거 완료형)	11과
~たい	[N5]	~(하)고 싶다	5과
~た/だ ことが ある	[N4]	~(한) 적이 있습니다	11과
~たり/だり ~たり/だり する	[N5]	~(하)거나 ~(하)거나 하다	11과
~で	[N5]	~에서(장소)	3과
~て/で	[N5]	~(하)고(동사의 중지형)	7과
~て/で	[N5]	~(해)서, ~때문에(원인, 이유)	8과
~て/で あげる	[N4]	~(해) 주다	10과
~て/で ある	[N4]	~(해) 있다, ~(해) 두다	9과
~て/で います	[N5]	~(하)고 있습니다	8과
~て/で いません	[N5]	~(하)지 않고 있습니다	8과
~て/で いる	[N5]	~(해) 있다	9과
~て/で おく	[N4]	~(해) 두다된다	11과
~て/で ください	[N5]	~(해) 주세요	7과
~て/で くれる	[N4]	~(해) 주다	10과
~て/で くれませんか	[N5] ~(해) 주지 않겠습니까		10과
~て/で みる	[N4]	~(해) 보다	10과
~て/で もらう	[N4]	~(해) 받다	10과
~ても/でも いい	[N4]	~(해)도 좋다	11과
~ても/でも いい	[N5]	~(해)도 좋다	11과
どこか	[N5]	어딘가	4과
どこも/どこへも	[N5]	아무 데도, 아무 곳도	4과
どちら	[N5]	어느 쪽	4과

な

何か	[N5]	무언가, 뭔가	4과
何も	[N5]	아무것도	4과
~に	[N5]	~에(장소)	1과
~に	[N5]	~에, ~으로(목적지)	3과
~に	[N5]	~에게	6과
~に 行く	[N4]	~하러 가다	5과
~人	[N5]	~명	1과
~の	[N5]	~의(인)	1과
~ので	[N4]	~(이/하)기 때문에, ~(이/하)니까	9과

ま

～ました [N5]	～했습니다(동사의 정중체 과거 표현)	4과
～ましょう [N5]	～합시다	3과
～ます [N5]	～합니다(동사의 정중체)	2과
～ません [N5] ～하지 않습니다(동사의 정중체 부정 표현)		2과
～ませんか [N5]	～하지 않겠습니까?	3과
～ませんでした [N5] ～하지 않았습니다(동사의 정중체 과거 부정 표현)		4과
まだ [N5]	아직	8과
もう [N5]	이미, 벌써	8과
もらう [N4]	받다	6과

わ

| ～を [N5] | ～을/를 | 2과 |

부록 | 169

단어 찾아보기

본문에 나오는 신출 단어를 あいうえお 순으로 정리하였습니다.

あ

会う	만나다	2과
アクセサリー	액세서리	5과
あげました	줬습니다	6과
あげましたか	줬습니까?	6과
あげます	줍니다. 드립니다	6과
あげますか	줍니까?, 드립니까?	6과
開ける	열다	9과
揚げる	튀기다	11과
朝	아침	4과
朝ご飯	아침밥	4과
足首	발목	12과
汗	땀	9과
熱い	뜨겁다	9과
集まる	모이다	8과
後	후, 다음	3과
油	기름	11과
あぶらっこい	기름지다, 느끼하다	11과
アプリ	앱, 어플리케이션	7과
あります	있습니다	1과
ありますか	있습니까	1과
泡立てる	거품을 내다	7과
いいですね	좋아요	3과
意外と	의외로	11과
行き方	가는 법	7과
行きたいです	가고 싶습니다	5과
行きたいですか	가고 싶습니까?	5과
行きましょう	갑시다	3과
行きませんか	가지 않겠습니까?	3과
行く	가다	3과
いくつ	몇 개	1과
いけません	안됩니다	12과
以上	이상	8과
急ぐ	서두르다	9과
炒める	볶다	11과
一度	한 번	11과
1階	1층	1과
一周する	일주하다	5과
一週間後	일주일 후	12과
一緒に	함께, 같이	3과
犬	개	12과
居眠り	앉아서 좀	12과
います	있습니다	1과
いますか	있습니까?	1과
Eメール	이메일	7과
入れる	넣다	7과
上	위	1과
受付	접수	7과
後ろ	뒤	1과
歌う	노래하다	3과
宇宙	우주	5과
うっかりする	깜박하다	9과
馬	말	11과
海	바다	5과
運転する	운전하다	8과
運動	운동	3과
映画館	영화관	3과
笑顔	웃는 얼굴	8과
駅	역	1과
駅前	역 앞	3과
鉛筆	연필	12과
大雨	폭우	4과
大きな	큰	1과
オーナー	주인	5과
おかしい	이상하다	9과
お客さん	손님	1과
起きる	일어나다	2과
送り方	보내는 법	7과

送る	보내다, 선물하다	2과
送る	데려다 주다	10과
遅れる	늦다, 늦어지다	8과
お好み焼き	오코노미야키	7과
お酒	술	3과
教えてあげます	가르쳐 줄게요	10과
教えてくれませんか	가르쳐 주지 않겠습니까?	10과
教えてもらいました	가르쳐 주었습니다	10과
教える	가르치다	10과
お寿司	초밥	11과
遅い	늦다, 느리다	8과
小田原	오다와라(지명)	2과
踊る	춤추다	3과
同じだ	같다, 똑같다	3과
おにぎり	오니기리, 주먹밥	2과
お肉	고기	8과
お昼	점심(식사)	3과
お風呂に入る	목욕하다	12과
お弁当	도시락	12과
お祭り	축제	11과
お店	가게, 매장	4과
面白い	재미있다	9과
お湯	뜨거운 물	7과
泳ぐ	헤엄치다	2과
終わる	끝나다	2과

か

カード	카드	6과
海外	해외	5과
階段	계단	1과
書いてください	적어 주세요	7과
買う	사다, 구입하다	4과
飼う	키우다, 기르다	12과
帰る	돌아오다	2과
顔	얼굴	3과
かかる	걸리다, 잠기다, 채워지다	9과
かぎ	열쇠	9과
書き方	쓰는 법	7과
書く	쓰다, 적다	2과
学食	학생식당	3과
かける	걸다, 잠그다, 채우다	9과
傘	우산	10과
貸す	빌려주다	10과
風邪	감기	9과
勝つ	이기다	11과
合宿	합숙	11과
彼女	여자친구	6과
カラオケ	노래방	3과
借りる	빌리다	12과
軽い	가볍다	12과
彼氏	남자친구	6과
代わり	대신	10과
考える	생각하다	10과
換気	환기	9과
韓国人	한국인	1과
韓国料理	한국요리	10과
感じ	느낌	11과
漢字	한자	7과
感謝	감사	6과
関心	관심	8과
頑張る	힘내다, 열심히 하다	10과
看板	간판	7과
消える	꺼지다	9과
聞く	듣다	6과
危険だ	위험하다	12과
季節	계절, 철	9과
ギター	기타	12과
期末	기말	12과
着物	기모노(일본 전통 의상)	11과
キャンディー	캔디, 사탕	6과
キャンドル	캔들, 양초	9과
キャンプファイヤー	캠프파이어	11과
救急車	구급차	7과
牛丼	소고기 덮밥	5과
牛乳	우유	12과

부록 | 171

教科書	교과서	2과
教室	교실	1과
兄弟	형제	1과
共通点	공통점	11과
京都	교토(지명)	5과
着る	(상의) 입다	11과
気をつける	조심하다, 주의하다	12과
金魚すくい	금붕어 낚기	11과
銀行	은행	1과
空港	공항	3과
クーポン	쿠폰	5과
クーラー	에어컨	9과
薬	약	12과
靴	신발, 구두	9과
くまのぬいぐるみ	곰인형	6과
グラウンド	운동장	11과
来る	오다	2과
くれる	(남이 나에게) 주다	6과
携帯電話	휴대전화	1과
今朝	오늘 아침	7과
化粧品	화장품	1과
消す	끄다	9과
下駄	게다(일본 전통 신발)	11과
結婚する	결혼하다	5과
研究室	연구실	12과
交差点	교차점, 교차로	7과
交通事故	교통사고	8과
コード	코드	9과
ゴールデンウィーク	골든위크, 황금연휴	5과
答え	답, 정답	10과
言葉	말, 단어	11과
ご飯	밥, 식사	3과
コピー室	복사실	1과
ゴミ	쓰레기	8과
(ご)両親	부모님	6과
今月末	이달 말	10과
コンサート	콘서트, 공연	2과
今週	이번 주	3과
今度	이번	5과
コンビニ	편의점	7과
コンピューター室	컴퓨터실	1과

さ

サークル	동아리	4과
最近	최근, 요즘	8과
先に	먼저	3과
作文	작문	10과
さす	꽂다	9과
さっき	아까	9과
茶道	다도	11과
参加する	참가하다, 참석하다	11과
3階	3층	1과
残念だ	유감이다, 아쉽다	4과
散歩する	산책하다	3과
字	글자	7과
試合	시합	4과
自己紹介	자기소개	2과
下	아래	1과
実は	실은, 사실은	6과
湿布	찜질약	12과
質問	질문	2과
品川	시나가와(지명)	2과
死ぬ	죽다	2과
自分	자신, 자기	7과
しましたか	했습니까?	4과
閉まる	닫히다	9과
ジム	피트니스 센터	3과
事務室	사무실	1과
閉める	닫다	9과
シャツ	셔츠	6과
シャワー	샤워	3과
住所	주소	7과
就職	취업	10과
ジュース	주스	5과
自由に	자유롭게	12과

週末	주말	4과
宿舎	기숙사	3과
出発する	출발하다	2과
準備	준비	8과
準備運動	준비운동	11과
小説	소설	9과
将来	장래	5과
食後	식후, 식사 후	5과
食事	식사	3과
ショッピングセンター	쇼핑센터	5과
処方せん	처방전	12과
書類	서류	9과
資料	자료	10과
知る	알다	10과
神社	신사(일본 고유 사당)	11과
新宿	신주쿠(지명)	5과
吸う	들이마시다, (담배를) 피우다	10과
すぐ	바로	7과
涼しい	시원하다, 서늘하다	9과
進む	나아가다, 전진하다	7과
ステーキ	스테이크	5과
すてきだ	멋지다	6과
捨てる	버리다	8과
ストーブ	스토브, 난로	12과
ストレッチ	스트레칭	11과
スポーツ	스포츠, 운동	12과
住む	살다, 거주하다	5과
相撲	스모(일본 전통 씨름)	11과
する	하다	2과
整理する	정리하다	12과
セーター	스웨터	6과
世界	세계	5과
石油	석유	12과
説明	설명	2과
説明会	설명회	10과
先週	지난주	4과
洗濯する	세탁하다, 빨래하다	8과
全部	전부	10과
騒音	소음	9과
掃除する	청소하다	8과
ソウル駅	서울역(지명)	5과
外	밖	1과
ソファー	소파	1과
空	하늘	10과
それから	그리고, 그리고 나서	3과
そろそろ	슬슬	11과

た

大丈夫だ	괜찮다	2과
第二日曜日	둘째 주 일요일	6과
～だけ	～만, ～뿐	2과
出す	내다, 제출하다	7과
卓球	탁구	11과
縦書き	세로쓰기	7과
たばこ	담배	12과
食べる	먹다	2과
ために	위해서	9과
誰	누구	6과
誰か	누군가	9과
単語	단어	4과
ダンス	춤	3과
地下	지하	1과
近く	근처, 가까이	8과
チケット	티켓, 표	5과
父	아빠, 아버지	6과
茶筅	차센(차를 탈 때 거품을 내는 기구)	7과
昼食	점심(식사)	2과
調子	상태	8과
ちょうど	마침, 딱	4과
直接	직접	6과
使います	사용합니다	2과
使いますか	사용하나요?	2과
使う	사용하다	2과
次	다음	2과
付き合い	사귐, 어울림	5과

つく	켜지다	9과
つける	켜다	9과
冷たい	차갑다	5과
梅雨	장마	9과
強い	강하다, 세다	9과
デート	데이트	10과
手紙	편지	6과
できる	생기다	4과
できれば	가능하면, 되도록이면	5과
～て くれませんか	～(해) 주지 않겠습니까?	10과
デザート	디저트	5과
テニスコート	테니스코트	1과
では	그럼	2과
デパート	백화점	1과
テラス	테라스	1과
出る	나오다	9과
電気	전기, 전깃불	9과
天気予報	일기예보	8과
電子辞書	전자사전	5과
電車	전철	2과
電話	전화	6과
ドア	문	9과
という	～라는	11과
どうしても	아무리 해도	10과
どうしましたか	어디가 불편하세요?	12과
到着する	도착하다	2과
特に	특히, 특별히	8과
どこか	어딘가	4과
どこに	어디에	1과
どこへも	어디에도, 아무 데도	4과
隣	옆	1과
泊まる	묵다, 숙박하다	11과
友だち	친구	1과
ドラマ	드라마	8과
取引先	거래처	8과
撮る	(사진을) 찍다	3과

な

内容	내용	12과
中	안, 속	1과
なぞなぞ	수수께끼	10과
納豆	낫토(일본식 콩 발효음식)	7과
夏祭り	여름축제	9과
夏休み	여름방학	11과
何か	무언가, 뭔가	4과
何も	아무것도	4과
なので	～(이)기 때문에, ～(이)라서	9과
名前	이름	7과
習う	배우다	11과
なる	되다	8과
なるほど	과연, 그러함	5과
慣れる	익숙해지다, 적응하다	4과
何階	몇 층	1과
～に	(장소) ～에	1과
～に	(시간) ～에	2과
～に	(사람) ～에게, ～께	6과
2階	2층	1과
苦手だ	서툴다, 별로이다	5과
日記	일기	8과
日本料理	일본요리	5과
入学	입학	5과
抜ける	빠지다	9과
ねこ	고양이	1과
ネックレス	목걸이	6과
寝る	자다	2과
ねんざ	염좌, 삠	12과
残す	남기다	6과
ので	～(하)기 때문에, ～(해)서	9과
登る	오르다, 올라가다	11과
飲み会	술자리, 회식	4과
飲み方	마시는 법	7과
飲む	마시다	2과
乗り換える	갈아타다	7과
乗る	(탈것을) 타다, 탑승하다	3과

のんびり	느긋하게	8과

は

パーティー	파티	8과
バーベキュー	바비큐	8과
歯医者	치과, 치과의사	7과
入る	들다, 들어가다	5과
はがき	엽서	7과
はく	(하의) 입다, 신다	11과
始まる	시작하다, 시작되다	2과
はじめて	처음으로	8과
はじめに	우선, 처음에	7과
始める	시작하다	2과
走る	달리다	2과
畑	밭	7과
働く	일하다, 근무하다	5과
話	이야기	6과
話す	말하다	2과
花束	꽃다발	6과
母	엄마, 어머니	5과
母の日	어머니날	6과
払う	지불하다, 계산하다	8과
バレンタインデー	밸런타인데이	6과
番線	~번선	2과
ハンサムだ	잘생겼다	5과
パンフレット	팸플릿, 소책자	7과
ピアノ	피아노	8과
弾く	연주하다	12과
飛行機	비행기	3과
久しぶり	오랜만임	4과
美術館	미술관	11과
左	왼쪽	1과
左側	왼쪽	7과
左下	왼쪽 아래	7과
病室	병실	12과
広島	히로시마(지명)	11과
ヒント	힌트, 단서	10과

服	옷	7과
双子	쌍둥이	4과
二人	두 사람	1과
船	배	5과
振り込む	입금하다	8과
プリント	프린트	2과
降る	(비, 눈) 내리다	9과
プロポーズ	프로포즈	6과
文法	문법	12과
ペン	펜	10과
勉強する	공부하다	2과
勉強しました	공부했습니다	4과
ボート	보트	3과
方法	방법	10과
方面	방면	2과
ほかに	그 외에, 다른	2과
ほしい	원하다, 갖고 싶다	5과
北海道	홋카이도(지명)	11과
ホラー映画	호러영화	5과
ホワイトデー	화이트데이	6과
盆踊り	봉오도리(축제에서 추는 춤)	11과
本人	본인	6과
本屋	책방, 서점	3과
本を出す	책을 출판하다	5과

ま

毎年	매년, 매해	6과
毎日	매일	8과
前に	전에	3과
曲がる	돌다, 꺾다	7과
まず	먼저, 우선	2과
まだ	아직	8과
間違い	틀림, 잘못됨	6과
間違える	틀리다, 헷갈리다	3과
待つ	기다리다	2과
まっすぐ	똑바로, 곧장	7과
抹茶	말차(분말녹차)	7과

日本語	한국어	과
窓(まど)	창, 창문	9과
右(みぎ)	오른쪽	1과
右側(みぎがわ)	오른쪽	7과
見(み)せる	보여주다	7과
道(みち)	길	7과
見(み)てもいいですか	봐도 되나요?	12과
みなさん	여러분	2과
ミュージックホール	뮤직홀, 공연장	2과
見(み)る	보다	2과
みんな	모두	3과
みんなで	모두, 다같이	10과
みんなに	모두에게	6과
迎(むか)える	맞이하다, 마중하다	5과
蒸(む)し暑(あつ)い	무덥다	9과
メッセージ	메시지	6과
もう	이미, 벌써	8과
もう一度(いちど)	다시 한 번, 한 번 더	7과
申(もう)し込(こ)み	신청	10과
申(もう)し込(こ)む	신청하다	10과
もっと	더욱	9과
戻(もど)る	돌아가다	8과
もらいました	받았습니다	6과
もらいましたか	받았습니까?	6과
盛(も)り上(あ)がる	오르다, 무르익다	11과

や

日本語	한국어	과
焼(や)き肉(にく)	불고기	5과
焼(や)きマシュマロ	구운 마시멜로	8과
約束(やくそく)	약속	9과
野菜炒(やさいいた)め	채소볶음	11과
休(やす)む	쉬다	5과
薬局(やっきょく)	약국	12과
やった	앗싸, 야호	5과
やり方(かた)	하는 법	10과
やる	하다	9과
友人(ゆうじん)	친구	12과
郵便番号(ゆうびんばんごう)	우편번호	7과
ゆっくり	느긋이, 푹	5과
夢(ゆめ)	꿈	5과
用事(ようじ)	용무, 볼 일	3과
様子(ようす)	상태	12과
よかった	잘되었다, 다행이다	1과
よく	잘, 자주	3과
横書(よこが)き	가로쓰기	7과
呼(よ)ぶ	부르다	2과
読(よ)み方(かた)	읽는 법	7과
余裕(よゆう)	여유	4과
より	~보다	11과
夜(よる)	밤	4과

ら

日本語	한국어	과
来月(らいげつ)	다음 달	5과
留学生(りゅうがくせい)	유학생	1과
両親(りょうしん)の日(ひ)	어버이날	6과
旅館(りょかん)	여관(일본 전통 고급 숙박 시설)	11과
旅行(りょこう)かばん	여행 가방	5과
旅行(りょこう)する	여행하다	3과
留守(るす)	부재 중	6과
レポート	리포트, 과제	8과
練習(れんしゅう)	연습	3과
連絡(れんらく)する	연락하다	6과
廊下(ろうか)	복도	12과

わ

日本語	한국어	과
わぁ	와(감탄사)	3과
和菓子(わがし)	화과자(일본 전통 과자)	11과
沸(わ)かす	끓이다	9과
分(わ)かりました	알겠습니다	7과
分(わ)かる	알다, 이해하다	10과